MINERVA 歴史・文化ライブラリー 29

文化を支えた企業家たち

「志」の源流と系譜

伊木 稔 著

ミネルヴァ書房

文化を支えた企業家たち——「志」の源流と系譜

目次

序章　文化を支えた人々——商人・企業家・経営者

「民による公共」の広がり

近年とくに今世紀に入って、さまざまな社会問題に取り組む市民ボランティアやＮＰＯなど民間非営利の団体の活動が脚光を浴びてきた。地球環境問題や地震・台風などの自然災害、貧困・病気・障害など人権・福祉に関わる問題等において、行政や市場経済システムだけでは対応できない部分を、きめ細かく補完したり、迅速に対処したりして、民間による公共活動ならではの貴重な役割を果たしている。

公共あるいは公益活動とは、私的な利益ではなく、社会一般のための公的利益に資する活動の意味であり、従来は民間ではなく主に官の領分だとされてきた。「私」＝「民」、「公」＝「官」という図式が長く支配し、公共的な財・サービスの供給は専ら政府の管轄下におかれてきた。

図序-1　『ビッグイシュー日本』誌
出典：筆者撮影。

歳末助け合い、共同募金、献血など市民レベルでのさまざまな相互扶助の活動は従来からあったが、主にコミュニティや地域内での活動であり、全国レベルで市民ボランティアやNPO団体の活動が大きく広がったのは、わが国では一九八〇年代以降とりわけ一九九五年の阪神・淡路大震災の時であった。

震災支援を契機に、各地にNPOやボランティア団体が増え、こうした動きを制度的にも伸ばし支えていくために、一九九八年に特定非営利活動促進法（NPO法）が制定された。NPO法人は、以後着実に増え、今日（二〇一五年）では全国に五万団体を超える広がりを示している。

NPO法人は活動の源を主に市民からの寄付やボランティアに頼るため、概して財政的基盤が弱い。この点を克服するためにビジネスの手法を取り入れながら、社会問題に貢献することを目的とした「社会的企業」という法人も生まれつつある。

たとえば、二〇〇三年大阪に生まれた「ビッグイシュー日本」がそうである。イギリスの「ビッグイシュー」の活動を範として、ホームレスの自立を支援する会社を立ち上げた。クォリティの高い雑誌を定期的に発行し、ホームレスが路上で販売する。その売り上げをほぼ折半し、ホームレスには自立の資金として、会社には事業資金として分けあい、事業を継続するというビジネスモデルである。

創始者の佐野章二は、「この事業は当初日本では一〇〇％失敗すると言われた。しかし、阪神・淡路大震災でのボランティア活動に参加した経験が、日本でのボランティア精神の今後の広がりの確信につながり、さまざまの困難を乗り越えることができた」と語っている(1)。今日では、「ビッグイシュー日本」の活動範囲は全国主要都市に広がっている。

また、法人という組織形態をとらなくても、多くの市民の寄付やボランティアに支えられ、活動を続けている「あしなが育英会」のような団体もある(2)。法律上は、任意団体からスタートし、活動の継続・発展に伴い条件が整えば、ＮＰＯ法人や財団・社団法人といった法人組織に移行する団体も多い。

公益法人制度改革

二一世紀に入って、ＮＰＯ法人や社会的企業などの市民が中心となった組織が、民による公共・公益活動の担い手として台頭してきた。

一方、従来の民間公益活動の主役は、明治時代の民法制定（一八九六年）以来の制度に基づく財団法人・社団法人等の公益法人であった。[3] 公共・公益は専ら官の領分という時代の制度が戦後も継続し、法人の設立から運営まで、主務官庁制という方式により、担当官庁の裁量の大きい監督・指導を受けながらの活動であった。

戦後の経済・社会環境の変化の中で、民による自発的で健全な公共・公益活動の促進をめざして、同制度の抜本的改革の必要性が各界から要求され、多年にわたる論議を経て、民法制定以来実に一一二年を経た二〇〇八年に新しい公益法人制度が施行された。

新制度の最大の特色は、主務官庁制の廃止である。非営利活動を行う一般社団・財団法人の設立は準則主義つまり登記手続きだけで可能となり、設立後も一般法人法に則って自己責任のもとに運営すればよくなった。そして、一般社団・財団法人のうち税制面等で優遇を受ける公益性の高い法人の認定は、公益法人認定法に基づき民間有識者を中心とした委員会が判断することになった。

従来の社団・財団法人は、五年間の移行期間を経て、新しい公益法人か一般法人へ移行することになり、二〇〇八年末時点で約二万四〇〇〇あった旧公益法人は、二〇一三年末には、約九〇〇〇法人が新公益法人となり、約一万一五〇〇法人が一般法人に移行した。[4]

五年間の移行時に、筆者自身も公益法人協会の相談員として、旧法人から新制度下の法人への移行に関する相談を受ける機会があった。個々の公益法人にとっては制度改革についての趣旨・内容の理解が必ずしも十分ではなく、進路の選択に悩む法人が少なくなかった(5)。規模は小さくても、創設の原点・社会貢献の志とその活動内容からすれば、立派な公益法人と思われるケースでも、各法人にとっての公益認定申請のハードルの高さと認定後の財務基準等規制の煩雑さを懸念して一般法人へ移行するケースも多かった。

一般法人の中にも民間公益活動の担い手が多いこと、さらにＮＰＯ法人や社会的企業等も視野に含め、民による公共・公益活動の拡大・発展を促進するための制度のさらなる充実・改革が望まれる。

企業の社会貢献と企業財団

民による公共・公益活動の今後の発展において、市民の積極的参加が重要な役割をもつことは言うまでもない。一方、すでに大きな存在となっている企業の社会貢献活動もさらなる発展が期待される。とくに財団法人・社団法人といった公益法人の設立や基金の出捐者は、企業または企業家個人の場合が多い。資金だけでなく、人材・情報等の資源を多く有する企業が、その資源を社会的に活用することは、社会にとっても有益なことであり公益にかなうものである。

表序-1　戦後，企業（企業家）が設立した関西の主な財団

設　立	名　　称	企業名	所在地	備　　考
1946(昭和21)年	食品化学研究所	サントリー	大阪市	現・サントリー生命科学財団（京都府精華町）
1949(昭和24)年	阪急学園池田文庫	阪急東宝グループ	池田市	現・阪急文化財団に統合
1950(昭和25)年	山岡育英会	ヤンマー	大阪市	
1951(昭和26)年	藤田美術館	旧・藤田組	大阪市	
1957(昭和32)年	山田育英会	ダイキン工業	大阪市	
	阪和育英会	阪和興業	大阪市	
	逸翁美術館	阪急東宝グループ	池田市	現・阪急文化財団に統合
1960(昭和35)年	大和文華館	近鉄	奈良市	
	尚志社	武田薬品	大阪市	
	住友生命社会福祉事業団	住友生命	大阪市	現・住友生命福祉文化財団に統合
	泉屋博古館	住友グループ	京都市	
1961(昭和36)年	竹中育英会	竹中工務店	大阪市	
1963(昭和38)年	森下仁丹奨学会	森下仁丹	大阪市	
	武田科学振興財団	武田薬品	大阪市	
1964(昭和39)年	日本応用酵素協会	田辺三菱製薬	大阪市	
1968(昭和43)年	精神神経系薬物治療研究基金	吉富製薬	大阪市	現・先進医薬研究振興財団（田辺三菱製薬）に統合
1969(昭和44)年	井植記念会	旧・三洋電機	神戸市	
1970(昭和45)年	村田海外留学奨学会	村田機械	京都市	
1974(昭和49)年	大同生命厚生事業団	大同生命保険	大阪市	
1975(昭和50)年	小野奨学会	小野薬品	大阪市	
1977(昭和52)年	山田科学振興財団	ロート製薬	大阪市	
	サンスター財団	サンスター	高槻市	
1978(昭和53)年	関西テレビ青少年育英事業団	関西テレビ	大阪市	
	京都服飾文化研究財団	ワコール	京都市	
1979(昭和54)年	デサントスポーツ科学振興財団	デサント	大阪市	
	サントリー文化財団	サントリー	大阪市	
	日本生命財団	日本生命	大阪市	
1980(昭和55)年	島津科学技術振興財団	島津製作所	京都市	
1981(昭和56)年	谷川熱技術振興基金	中外炉工業	大阪市	
	広げよう愛の輪運動基金	ダスキン	吹田市	現・ダスキン愛の輪基金
1982(昭和57)年	内藤医学研究振興財団	ミドリ十字	大阪市	現・先進医薬研究振興財団に統合
	中内育英会	ダイエー	神戸市	
	小森記念財団	丸大食品	高槻市	
	松籟科学技術振興財団	播磨化成	大阪市	

1983(昭和58)年	ライフスポーツ振興財団	ライフストア	吹田市	
	安藤スポーツ・食文化振興財団	日清食品	池田市	
1984(昭和59)年	佐川交通社会財団	佐川急便グループ		2006年解散
	稲盛財団	京セラ	京都市	
1985(昭和60)年	村田学術振興財団	村田製作所	京都市	
	大同生命国際文化基金	大同生命	大阪市	
	住友生命健康財団	住友生命	大阪市	現・住友生命福祉文化財団に統合
	大阪ガスグループ福祉財団	大阪ガスグループ	大阪市	
1986(昭和61)年	佐川留学生奨学会	佐川急便グループ	京都市	現・SGH 財団に統合
1987(昭和62)年	ハン六文化振興財団	ハン六	大津市	
1988(昭和63)年	松下幸之助記念財団	パナソニック	門真市	
	細胞科学研究財団	塩野義製薬	大阪市	
1989(平成元)年	りそなアジア・オセアニア財団	りそな銀行	大阪市	
	長瀬科学技術振興財団	長瀬産業	大阪市	
	平和堂財団	平和堂	彦根市	
1990(平成２)年	立石科学振興財団	オムロン	京都市	
1991(平成３)年	シマノサイクル開発センター	シマノ	堺市	
	千趣留学生奨学財団	千趣会	西宮市	
	ロームミュージックファンデーション	ローム	京都市	
1992(平成４)年	大阪ガス国際交流財団	大阪ガス	大阪市	
	関西エネルギー・リサイクル科学研究振興財団	関西電力ほか	大阪市	
1993(平成５)年	加藤朝雄国際奨学財団	王将フードサービス	京都市	
	坂田記念ジャーナリズム振興財団	毎日新聞社	大阪市	
1994(平成６)年	松柏美術館	近鉄	奈良市	
	ユニオン造形文化財団	ユニオン	大阪市	
1996(平成８)年	ダイキン工業現代美術振興財団	ダイキン工業	大阪市	
1997(平成９)年	中山視覚障害者福祉財団	中山興産	神戸市	
1998(平成10)年	佐川美術館	SG ホールディングス	守山市	
1999(平成11)年	西村奨学財団	マンダム	大阪市	
2002(平成14)年	小林国際奨学財団	小林製薬	大阪市	
2007(平成19)年	住友電工グループ社会貢献基金	住友電工グループ	大阪市	
	大塚敏美育英奨学財団	大塚グループ	大阪市	
2009(平成21)年	JR 西日本あんしん社会財団	JR 西日本	大阪市	
2011(平成23)年	おおさか創造千島財団	千島土地	大阪市	

注(1)：各企業ホームページ，「関西財団の集い」「公益法人協会」等の資料をもとに筆者作成。
(2)：企業家・経営者による設立の財団の場合は，その財界人が属する企業名を企業名欄に表示した。
(3)：設立年次ごとに並べたが，同一年次内は順不同。
出典：筆者作成。

一九七〇年代以降、高度成長後の豊かな経済を反映して、企業の社会貢献の機運が高まり、企業フィランソロピーやメセナ活動のための企業財団が多く設立された。二一世紀に入るころには、グローバルなＣＳＲ（Corporate Social Responsibility）経営の波が押し寄せ、社会の一員としての企業の役割がより強く求められるようになった。

フィリップ・コトラーが指摘するように、今や社会貢献活動は、企業にとってもビジネスの価値を高める要素・要件となっており、企業マネジメントの中で正しく位置づけて取り組むべき課題となっているのである(6)。

ビジネス以外での企業の社会貢献活動には、直接寄付をしたり、モノや施設を公共のために提供したり，従業員のボランティア活動を支援したりとさまざまな方法がある。しかし、志を明確な形にして、継続的・安定的に社会に貢献するという点では、公益法人という独立の組織を設けて、専門的に社会貢献活動を行うことが効果的である。

表序‐１に見られるように、戦後設立された企業財団は、戦前に多く見られた①福祉分野、②学問・研究への助成、③教育・奨学支援、④芸術・文化振興等の分野に加え、とくに一九八〇年代以降、⑤スポーツ・健康、⑥国際交流、⑦地球環境、⑧震災を始めとする災害支援など、時代の変化により新しい社会的ニーズに応える活動を目的とするものも増えている。表序‐１は関西の企業財団の例であるが、全国的にも同じような傾向が見られる。財団を設立する企業の業種は多岐にわたっており、規模の大小はあっても、それぞれに設立者の思いのこもった活動を目的とする法人が、民間らしい個性・特色をもった公益活動に取り組んでいる。

たとえば、地方における文化振興活動では、企業メセナ協議会が一九九一年から顕彰している「メセナ・アワード」を受賞した企業の文化支援活動の中から、地方における企業財団の例を挙げると表序－2のようなものがある。

表序－2　メセナ・アワードを受賞した地方の主な企業財団（1991～2015年）

財　団　名	関係企業	所在地	設立年
林原美術館	林原グループ	岡山市	1961
末永文化振興財団	寿軒	福岡市	1987
八十二文化財団	八十二銀行	長野市	1985
常陽芸文センター	常陽銀行	水戸市	1985
直島福武美術財団	ベネッセ	香川県	2004
岡田文化財団	イオン	三重県	1979
中津万象園保勝会	富士建設	香川県	1998
「弦」地域文化支援財団	シベール	山形市	2009

注：企業メセナ協議会ホームページより抜粋。
出典：筆者作成。

戦前の例では、一九二八（昭和三）年に設立された長野県諏訪市の片倉財閥による片倉館は、ヨーロッパの地方における健全な娯楽・厚生施設に倣い、温泉・社交・娯楽施設を地域住民のために提供した。また一九三〇（昭和五）年に百五銀行川喜多頭取の私財により三重県津市に設立された石水会館は、地域の文化・福祉活動の拠点として地域社会に貢献した。こうした先駆的文化活動は、今日もその活動が財団として継承され、地域における文化活動の一翼を担っている。

戦後は、企業あるいは企業家による民間の特色ある美術館・博物館や劇場・ホールなどの文化施設が各地に設けら

図序－2　ドナルド・キーン・センター（新潟県柏崎市）
出典：筆者撮影。

れ、地域の文化資源として、貴重な役割を果たしている。
一例を挙げれば、二〇一三年新潟県柏崎市に開館した「ドナルド・キーン・センター」は、地元の製菓会社ブルボンが設立したもので、きっかけは二〇〇〇年の新潟県中越沖地震の際に、復興支援として柏崎ゆかりの古浄瑠璃復活上演をキーン氏が提案したことである(7)。同館はブルボン吉田記念財団により運営されており、今後地域社会にしっかりと根を張ることが期待される。ニューヨークから移されたキーン氏の書斎や同氏の業績をベースにした質の高い展示は、全国各地からの来訪者を招き、文化を軸にした地域間交流も広がるだろう。ブルボン社の同センター創設の熱意と地域住民のボランティアにも支えられ、柏崎の文化拠点として地域社会に有益な影響を与える可能性を持っている。

ブルボン吉田記念財団は、もともとブルボン社の三代目社長吉田高章が、一九七六（昭和五一）年、同社創業五〇周年にあたって、地域人材育成のために吉田奨学財団として設立したのが出発点である。

このように企業財団は、企業の創立何周年かの記念事業として設立されたものが多く、企業の社会貢献活動がそうした事業の節目に、社会に対する謝恩の印として実施されるケースが多いことを示している。たとえば、サントリーでは、創業六〇周年を記念してサントリー美術館を開設し、創業七〇周年には音楽財団、八〇周年の一九七九年にはサントリー文化財団を設立している。

わが国企業財団の草分けとも言える大阪毎日新聞慈善団は、一九一一（明治四四）年に、同紙創刊一万号を記念して創設されたものである。同社は一九〇五年には、創刊八〇〇〇号を記念して、貧窮児童八〇〇〇名に正月の慈善食卓を供している。

事業の節目に、顧客や社会に対して謝恩の意を表し、記念事業として社会貢献活動を行うことは、戦前から続く伝統であり、今日の企業でもよく見られる現象である。

社会貢献の伝統

組織的な民間公益活動は、制度的には明治の民法制定により始まったが、実態としてはそれ以前からもさまざまな形で存在した。民法施行時当初に公益法人として名乗りを上げたのは、生まれたばかりの近代企業が設立した財団ではなく、多くが江戸時代から続く地域における相互扶助や窮民救済の伝統的な活動組織が「衣替え」したものであった。

代表的なものは、報徳社の名称をもつ社団法人である。報徳社は二宮尊徳の思想を信奉する農民を中心に、農村の振興と生活扶助・地域づくりを推進した運動で、幕末から現在の静岡県下を中心に各地に広がり、近代以降も受け継がれた。また、秋田県の秋田感恩講・角館感恩講や広島県福山市の義倉などの商人・豪農による窮民救済組織が、江戸時代以来の伝統的な公益活動を継承し、民法制定に伴い財団法人を設立している。

その他、広島県の真宗崇徳教社、山口県の防長教育会、福島県の会津育英会、熊本県の肥後奨学会などの地元有志による育英・奨学のための財団も各地に設けられた(8)。

このように、わが国においては、欧米に範をとった公益法人制度が導入される近代以前から、民間の自発的で組織的な公益活動が各地で展開されていたのである。

幕藩体制下の農村社会においては、税による経済的負担が重く、その上たびたび自然災害による飢饉に見舞われ、絶えず貧困・病苦などからの救済を必要とした。幕府・藩による救済策も取られたが、一揆・打ちこわしの発生に見られるように、決して十分とは言えなかった。

こうした状況の中で、心ある豪農や大商人たちが持てる力と財産を提供して、継続的・組織的に救済の手をさしのべたのが、秋田の感恩講や福山の義倉に代表される活動であった(9)。

一方、京都や大阪などの都市部においても、商業の発達とともに富豪や大商人が富を蓄積し、一般庶民との格差が広がる中で、富者の果たすべき役割・義務が問われていた。江戸時代を通じて、一代限りの商売でなく商家としての商いを維持・発展させることに成功した商人は、信用を重んじ、顧客・社会との良好な関係維持に力を尽くした。「三方よし」で知られる近江商人ばかりでなく、伊勢商人、京・大坂商人さらには北前船で財を成した日本海沿岸の大商人の中にも、窮民救済に力を尽くし、道路や橋などの公共工事に骨を折り、祭りや芸能・文化を振興し、地域社会に貢献した者が少なくない。

近世の商人たちが、文化・社会貢献に力を尽したのはなぜだろうか。時代を生き抜く広い視野と人間としての他者への思いやりをあわせ持った商人を育んだ土壌について考えてみたい。

民間公益活動の源流

江戸時代の支配的思想は、朱子学を中心とした武士のための儒学であったが、それ以外にも陽明学や孔子・孟子に直接学ぶ古義学、さらには国学や仏教なども交え、独自の学問を唱える学者が各地に輩出して、私塾を開いた。寺子屋などにより、読み書きの素養を身につけた商人は、私塾や書物に学んで、より豊かな教養を備えることができた。

彼らは、大坂の懐徳堂から各地の心学塾に至るまで、サロン文化を楽しみながら、学と芸の

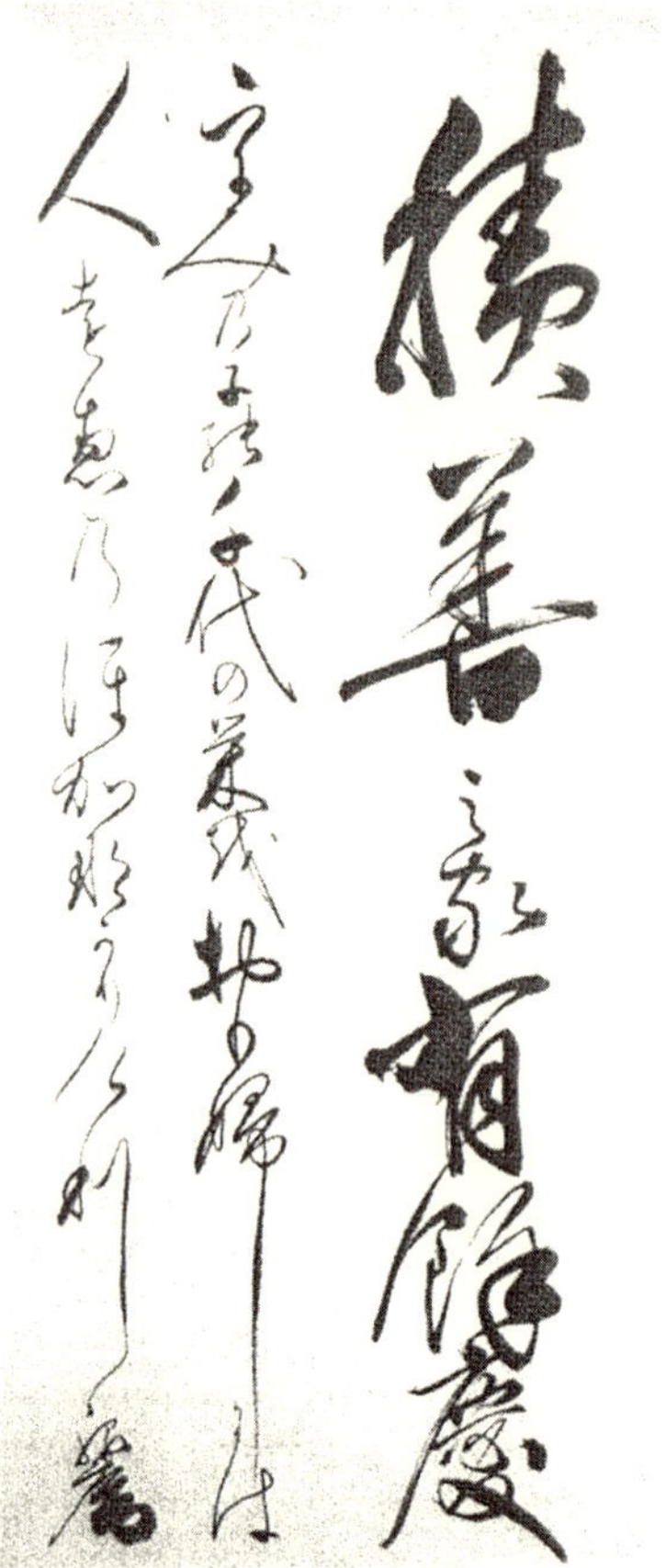

図序－3　竹斎「積善の家」
出典：『伊勢商人竹川竹斎――近代日本の先駆者』石水博物館パンフレットより。

ネットワークを形成していった。信用をベースにした商売のネットワークが地域を超えて、学問、文芸、書画、茶道、芸能などを通じた知と美意識を共有する世界を作り上げていたのである。こうした文化的交流が、各地で近世の商人たちが社会貢献活動を行った土壌を形成したものと考えられる。

たとえば、伊勢商人の川喜多家は、代々京都の文人・茶人などと交流をもち、地元の本居宣長にも師事して文化的サロンを催し、自ら多くの書物を蔵していた(10)。

「陰徳あれば陽報あり」「積善の家必ず余慶あり」といった徳や善行を貴ぶ儒教的道徳は、当時の教養ある商人の常識となっていたであろう。灌漑用の池を掘り地域社会に貢献した幕末の伊勢商人竹川竹斎も、自宅に「積善の家」の書を自ら大書して掲げていた(11)。

また、儒教的道徳ばかりでなく、先祖や親から受け継いだ神・仏への信仰心も篤く、近江商人はじめ上方商家では家訓として、代々引き継がれていた。仏教的慈悲・慈善の心や「おかげさま」という感謝の念は、素朴ではあるが商人にとって大切な信条であり、行動規範となっていた。

こうした社会貢献につながる篤志や徳行はその淵源をたどれば、おそらく人類の相互扶助や利他意識の起源にまで行き着くであろう。そしてそれは、現代人のボランティアや寄付活動の根源を考える際の重要なテーマであるかもしれない。しかし本書ではそこまでさかのぼらず、わが国における民間の社会貢献活動を組織的・継続的なものとしてとらえ、歴史的な流れを俯瞰しながらその意義を考察したいと考える。

第一章では、まず民間の自発的な社会貢献活動の先駆者として、財力をもった商人が登場し、活躍する以前に、大きな足跡を残し後世に多大な影響を与えた代表的人物として、奈良時代の僧行基の活動を取り上げる。仏教に基づく思想と実践が、後世の宗教家や貴族などの有識者に影響を与え、さらに儒学や神道的なものとも交じり合って、大商人が登場する中近世に富者の倫理・道徳とどう関わったのかを検討する。第二章では近世の商業都市の中でも最も栄えた大坂における商人たちの先駆的社会貢献活動が、近代以降の企業家や企業の社会貢献活動とどうつながっているのかということを、具体的な事例をもとに明らかにしていきたい。
そして第三章以下では、近現代に登場する企業家、企業の文化・社会活動に焦点を当てながら、その活動の推進力となった企業家や経営者の志・思いを探り、人間の営みとしての文化・社会貢献の深層に迫りたい。

注

(1) 佐野章二『ビッグイシューの挑戦』講談社 二〇一〇年参照。
(2) 交通事故で親を亡くした子供のために玉井義臣らが一九七〇年代から始めた奨学金支給活動。広く一般市民から募金を集め、今日では災害や病気などで保護者を亡くした子供たちをも対象とした奨学支援活動を展開している。
(3) 戦後、特別法により宗教法人・学校法人・社会福祉法人・医療法人の制度が発足したが、これらは戦前の民法の規定から派生したものであり、広い意味で公益法人に該当する。
(4) 内閣府『公益法人制度改革の進捗と成果について』二〇一四年。
(5) 筆者は、二〇〇七年から二〇一四年の約七年間、(公財)公益法人協会の制度移行についての相談員を務めた。
(6) フィリップ・コトラー、ナンシー・リー『社会的責任のマーケティング』(恩蔵直人監訳)東洋経済新報社、二〇〇七年参照。
(7) ブルボン吉田記念財団ドナルド・キーン・センター柏崎『常設展示図録』二〇一三年。

（8）土肥寿員「公益法人一一〇年の軌跡」（公益法人協会『公益法人制度改革』二〇〇七年）参照。
（9）秋田感恩講については第一章第二節参照。福山の義倉は、一八〇四年、福山藩の庄屋ら七名が飢饉対策として囲い米を拠出した「福府義倉」が始まりとされる。
（10）あべのハルカス美術館図録『川喜多半泥子物語』二〇一四年、朝日新聞社。
（11）石水博物館『竹川竹斎展』展示、二〇一五年。

参考文献

今田忠『概説　市民社会論』関西学院大学出版会、二〇一四年。

公益法人協会編『公益法人制度改革』ぎょうせい、二〇〇七年。

佐野章二『ビッグイシューの挑戦』講談社、二〇一〇年。

副田義也『あしなが運動と玉井義臣』岩波書店、二〇〇三年。

フィリップ・コトラー、ナンシー・リー『社会的責任のマーケティング』（恩藏直人監訳）東洋経済新報社、二〇〇七年。

柗永佳甫編『公共経営学入門』大阪大学出版会、二〇一五年。

第一章　民間公益活動の先駆者たち

1　公益活動の源流

僧・行基の先駆的事業

歴史的にみれば、近親者や近隣の人々同士の相互扶助のレベルを超えた、社会への奉仕・慈善といった人々の善意に基づく活動は、概して宗教的なものと結びついて発生した。わが国における公益活動の起源も、遠く古代の寺社を通じての慈善・救済活動にまでさかのぼりうるであろう。

古代社会においては、天皇個人あるいは豪族・僧侶の私的慈善活動と国家の公的救済制度との区別は必ずしも判然としない。律令制度のもとで、老人、病人、障害者、身寄りのない者等への福祉的制度や天災・飢饉に備えての義倉・常平倉などの公的備荒制度が存在していた。

しかし、当時の貧しい経済状況下では、貧困、飢え、病気などさまざまな社会問題が絶えず発生し、公的制度とは別に為政者が個人的に救済策を講じることもあった。

その代表とされているのが仏教への造詣を深め、仏教的慈善の実践をめざした聖徳太子(五七四〜六二二年)の事業である。太子は、善行功徳を説く原始仏教の「福田思想」に基づく中国の制度をモデルとして、四天王寺に敬田院、悲田院、療病院、施薬院の〝四箇院〟を設け、仏教的慈善活動に大きな影響を与えたと言われている。敬田院は仏教の教えを施すところであり、悲田院は貧困者・孤独者等に対する慈善・布施の場である。療病院・施薬院は、病に苦しむ人を看病や施薬を通じて救済する場である。

聖徳太子の後には、七二三(養老七)年に興福寺に設けられた悲田院、七三〇(天平二)年に聖

図1-1　行基像(唐招提寺蔵)
出典:井上薫『行基』吉川弘文館, 1959年より。

武天皇が設けた施薬院や、光明皇后が設けた悲田院・施薬院などの例がある。四天王寺の〝四箇院〟が、聖徳太子によって実際に設けられたか否かは不明だとしても、聖徳太子の仏教福祉思想が、後世の仏教的慈善活動に大きな影響を与えたことは間違いないと思われる。(1)

ただ、聖徳太子はあくまでも為政者の立場にあり、四天王寺も実質的には官立の寺院であったことを考えると、民間の社会貢献活動の祖として位置づけるのは適切とは言えないだろう。

今日の市民や企業による民間の社会貢献活動の先駆者として位置づけられるのは、時代的には少し下るが、やはり仏教的慈善の実践者として登場した修行僧たちであり、その代表が行基（六六八〜七四九年）である。

行基は、河内国大鳥郡蜂田郷（現・堺市家原寺）で父母ともに百済系の渡来人の家に生まれた。一五歳で出家して山に入り、三七歳まで山林修行を続けた。

行基に影響を与えた人物に、同じ渡来人の道昭（六二九〜七〇〇年）がいる。道昭は、入唐し玄奘に師事し、帰国後飛鳥寺に禅院を建て、弟子を教えるとともに、諸国を巡り福祉活動を行ったとされる。(2)

行基は、飛鳥寺で仏教を学んだ後、大修恵院《だいすえいん》（現・堺市陶邑《すえむら》）を皮切りに、各地に多数の寺院を建立し、布教と仏教的慈善・福祉活動を実践した。中でも、調・庸の運脚夫や平城京造営のための役民の流浪・逃亡者を救うために設けた布施屋は、救済施設として大きな役割を果たした。

また、飢えや病から救いを求めて集まるものは、男女を問わず出家させて、托鉢・乞食を可能にし、貧窮から救済した。(3)

行基はまた、渡来人の土木技術のノウハウを活用して、狭山池（現・大阪狭山市）・昆陽池（現・伊丹市）など和泉・摂津・河内各地の農業用の溜池や溝を造営・修理し、橋を架け、道を開いて、人々の生活・産業を支える基盤（インフラ）整備のための事業に力を注いだ。当時の官の手の及ばなかった所で、公共・公益事業を補完したのである。

行基の社会事業を支えたのは、生活困窮者から中・上層農民まで幅広い信者層の集団ばかりでなく、さらに行基に帰依した地方の豪族たちも加わって、大きな力となった。行基の活動は、わが国における民間公益活動の先駆者として、以下の諸点のような重要な役割を果たしたと考えられる。

第一に、民間の自発的救済・扶助活動を展開したことである。当時の国家仏教下では、基本的に寺院外での僧侶の自由な活動は認められていなかったが、諸国を巡って福祉活動を実践した道昭の影響もあり、自ら率先して各地に赴き自主的な福祉事業を推進した。宗教的信仰が軸になっているが、幅広い農民層から豪族まで参加する運動体・組織を築き上げた点は、事業の広がりに大きく寄与した。今日の民による公共・公益活動の原型とも言えるだろう。

第二に、社会貢献活動の活動分野を切り開いたことである。行基の行った事業は、①布施屋等を通じての困窮者救済活動、②灌漑施設や交通施設などの農業・生活基盤整備事業への貢献、③布教という形での教育・啓蒙活動といった、当時の民衆の社会的ニーズに応えるものであった。とくに②の産業・生活インフラの土木工事を民間の力で成し遂げたという指導力・組織力・実行力は、特筆すべきものである。今日においても、福祉・教育・社会インフラ整備は、社会貢献活動の主要分野となっており、課題発見の先見性がうかがえる。

第三に、人間愛・志に基づき仏教的慈善の範を示したことである。聖徳太子も仁政を施し、「福田思想」等に基づく仏教的慈善を提唱したが、民間の立場で仏教的慈善を徹底して実践したのが行基であった。

最初に建立した大修恵院は、須恵器の生産地であり、そこで日夜過酷な労働に追われる老若男女の姿に心打たれ、憩いと治療の場を提供した。平城京造営にかり出された役民や調・庸の運脚夫が流浪・逃亡のすえに、路上で倒れあるいは餓死するのを放っておけず布施屋を設けて救済した。彼の慈善・救済活動の原点には、強い人間愛と相互扶助の精神があったと言えるだろう。行基は後世に継続する教団も宗派も残さなかったが、全国にその名声が広がり、菩薩として尊敬され親しまれた。

彼は生涯、近畿の地から出ることはなかったが、今日東北から九州まで、六四〇を超える寺が行基ゆかりの寺院として名を挙げているのもその現われであろう(4)。

行基以後の仏教的慈善・救済活動

行基の業績は、後世に長く受け継がれ、多くの継承者を生んだ。平安新仏教の祖、最澄・空海も慈善・社会活動を熱心に行った。「一隅《いちぐう》を照らす」という言葉でも知られる最澄は、東国遊歴の際に信濃坂（神坂峠）に布施屋を設けている。

空海は、四国満濃池を築き農業生産の基盤づくりに寄与する一方、わが国庶民教育の嚆矢と言うべき綜芸種智院を創設した。律令以来の日本古代の大学は、純然たる官吏養成機関であったが、綜芸種智院は貴賤貧富の差別なく、すべての人に広く門戸を開いた画期的な教育機関であったと言えよう。

平安時代後期には、「聖」「上人」と呼ばれた遍歴の僧が、各地を周遊しながら、念仏を唱え、病を癒し、井戸を掘り、道路や橋を改修した。その代表が空也である[5]。

その後、鎌倉期には、重源、叡尊、忍性の三大慈善家が現れ、聖徳太子や行基を範とした慈善活動を進めた。しかし、思想的な面では、「旧仏教の戒律的慈善観に対し、救済活動に即した全人的な絶対平等観を提示した[6]」浄土教の慈善思想が新しい流れを生み出し、法然、親鸞、一遍らの目ざましい活躍がみられた。

以上述べてきた仏教的慈善救済活動の系譜は、室町時代以降も脈々と受け継がれていき、わが国慈善・社会事業の底流となっている。一例を挙げれば、一遍の流れを汲む時宗の徒であった願阿弥は、応仁・文明の乱で全焼した京都清水寺の再建に宗派を超えて力を尽くした。そればかりでなく、戦乱や飢饉による多数の流民・難民を救うための小屋を作り、また洪水で流失した五条大橋を復興した。彼は、弟子や仲間を集めて募金を集める勧進活動に奔走し、室町時代の勧進聖として名を残している。(7)

もともと〝慈善〟という言葉は仏教用語であり、慈悲の心から出てくるものと言われる。吉田久一によれば、「慈悲から導かれる仏教慈善観の四つの性格は、社会観としては〝縁起〟的連帯であり、人間観としては〝無我〟観であり、奉仕観としては〝輪廻転生〟的名利否定であり、さらに〝実践〟がその基本的性格である(8)」。

このような仏教的慈善思想の特質は、人と人との関わり合いを重視し、理念・観念よりも現実性・即物性を尊ぶ日本人のメンタリティーとも呼応して、近世以降の日本型民間公益活動の形成にも影響を与えていると考えられる。

古代から中世にかけての仏教的慈善救済活動は、思想的側面だけでなく、実践的側面、つまり貢献すべき課題の発見・その活動領域の開拓においても、今日の民間公益活動の先駆となるものであった。①貧民救済や医療を通じての福祉活動、②公共土木事業・施設の建設による生活基盤・環境づくり、③教育・出版・宗教等の学芸・文化の振興といった分野は、今日の民間公益活動においても依然として主要な地位を占めている。

ただ、この時期における民間の社会・文化事業は、行基や空海といった傑出した個人の思想と力によって実現されたものであり、一般の人々による組織的・継続的活動にまで普及・発展するには至らなかった。

2　民間公益活動の萌芽

商人の登場——中世から近世へ

公益活動に市井の人々が大きな役割を果たすようになるのは、経済の発展によって町人（とくに商人）が力を蓄える中世後期以降、とくに江戸時代に入ってからのことである。

農村においては、隣保制度や後の五人組制度などによって、生活共同体的枠組みが設けられていたが、他方で頼母子講・無尽講など経済的相互扶助の仕組みも発達した。豊後（今の大分県）の三浦梅園による「慈悲無尽講」や、相模（今の神奈川県）の二宮尊徳の「報徳」による農村改良などが著名である。また篤志の豪農などによる飢饉に備えた「義倉」も各地に見られた。このような農村共同体的相互扶助システムは、地域に限定された活動ではあったが、各地にしっかりと根を下ろし、明治以降も根強く継承されていくものが少なくない。

他方、都市においては、商工業の発達に伴い、問丸（運送）・土倉（金融業）・酒屋などを中心とした〝有徳（有得）人〟と呼ばれる富豪が大きな経済力をもつに至った。桜井英治によれば、「中世において『有徳人』といえば金持ちを指したが、これはたんなる『有得』の当て字ではなく、その背景には、金持ちには徳がそなわっている、ないしはそなわっていなければならないとする有徳思想・福徳一致思想があったのである(9)」。つまり、富者に対する喜捨・徳行の社会的要求であり、半ば義務に近いものであった。祭礼の際に、財産に応じて負担する奉加帳による寄進などはその一例であろう。

平安時代に起源をもつ京都の祇園祭が、室町時代に町民の祭礼として形を整えるのは彼ら有徳人の力によるものである。博多の祇園山笠も、港町として栄えた博多の商人たちが支え維持してきた。これら新興の町人は、寺社の建築資金集めのために行われた勧進相撲や勧進能にも多くの寄金を提供し、文化振興の一翼を担った。

南北朝の戦乱の中に生まれ、応仁・文明の乱を経て戦国の争乱に至る室町から安土・桃山時代は、文字通り乱世の様相を呈したが、同時に生け花、茶の湯、連歌、水墨画、能、狂言等々の多彩な日本文化を生み出した時代でもあった。

山崎正和の表現を借りれば、「室町幕府の放漫な経済政策が、結果的に裕福な新興商人を育てあげ、富の社会的な蓄積をうながしたことも、ひとつの皮肉な功績であった。のちに『町衆』に育っていくこの真の都会人は、個性的な感覚を示してそれぞれ祭礼や、遊芸や、美術工芸の保護者になることができた」[10]。

その代表的都市が、幕府の置かれた京都であり、大陸との貿易で栄えた博多や堺であった。

堺商人の富と茶の湯文化

地の利を有した博多に比べ日明貿易に出遅れた堺であったが、応仁・文明の乱後は荒廃した兵庫に代わって遣明船の発着港となり、一六世紀には国際貿易都市として東アジア全域に交易範囲を広げ、豪商たちによる自治都市として「黄金の日々」を謳歌した。

「有徳人」の思想が普及していた時代に、堺の商人たちの蓄積した富はどう使われたのか。角山栄によれば、「その富の大部分は寺院への寄進ないし寺院建設資金として仏教施設に投資されたのではないかということである」[11]。

たとえば、堺に縁の深い京都の大徳寺が応仁・文明の乱で被災したときに、復興再建を全面的に援助したのが、堺商人尾和宗臨と淡路屋寿源であった。堺を代表する禅寺南宗寺創建に当たっては、武野紹鷗らが関わり、ルソン助左衛門は自らの豪邸を大安寺に寄進した。当時堺は京都と並んで寺院の多い町であったが、その多くは堺の商人たちの寄進によって成り立ったものであった[12]。

堺商人の芸術・文化への貢献という点で、今日にまで影響を及ぼしているのは、何と言っても茶の湯文化であろう。堺の商人たちは、京都との交流が深く、和歌・連歌等を通じて芸能・文化を嗜んでいた。宗祇や肖柏といった当時の知識人・文化人を堺に招き、サロン的文化交流を楽しんだ。その土壌の上に花開いたのが、武野紹鷗、今井宗及、千利休といった茶人による茶の湯文化であった(13)。

京都の豪商・角倉素庵の「メセナ」活動

京都では、三長者と呼ばれた酒屋・土倉の角倉了以、呉服の茶屋四郎次郎、彫金の後藤庄三郎らの豪商が江戸時代初期まで活躍したが、中でも角倉家は、朱印船貿易で莫大な富を築いた。角倉了以は、土木技術にも優れ、大堰川、高瀬川、富士川、天竜川などの開削工事に取り組み、舟運を開いた。京都の木屋町二条には、高瀬川舟運の起点となった舟入跡が残っている。

了以の子角倉素庵は父を助け、その事業を継承発展させるとともに、藤原惺窩《せいか》を師として自ら学問を修め、後に知り合った林羅山を藤原惺窩に紹介し、当時における最高水準の知のネットワークを築いた。また書芸にも優れた才能を発揮し、本阿弥光悦や俵屋宗達の協力を得て、『伊勢物語』『方丈記』『徒然草』などの古典を「嵯峨本」として出版し、後世に大きな便宜を与えた。該博な教養と幅広い交友を基礎に、江戸時代初期の寛永文化を支えた角倉素庵は、イタリア・ルネサンスの保護者として重要な役割を果したメディチ家のロレンツォにも比すべき、民間メセナ活動の先覚者と言えるだろう。

林屋辰三郎によれば、素庵はそのひかえめな人柄のせいか、実業家としては父了以の功績に隠れ、学問上の貢献は藤原惺窩、林羅山の名声のみが世に知られ、芸術・出版活動においては本阿弥光悦、俵屋宗達らの華やかさが歴史に残り、彼自身の名はあまり目立たない。「素庵は、まさに桃山・寛永文化の一翼を担った人物だが、必ずしも一般に著名とは言えない。彼自身、嵯峨野の月のように、その仕事は光輝いて人柄はつつましくひかえめなのだ(14)」と高く評価されている。

角倉素庵にも堺の大商人にも通じることだが、中世末期から近世初期にかけて、富を蓄積した豪商・大商人が登場し、彼らの中には寺社への信仰のほかに、芸術・文化あるいは学問を嗜む者が現れ、寺社への寄進と同様に、芸術・文化を支援するパトロネージ的な活動が誕生した。その活動の根底には、商人自らが芸術・文化や学問に関心を持ち、その価値を認めて、積極的に守り発展させようという意図があった。

近江商人の「三方よし」の商い

長い戦乱の時代から社会が安定する近世に入ると、陸・海路の交通が発達し、商業はさらに盛んになった。地方でも商人の活動が盛んになり、近江商人、伊勢商人、富山売薬商人など地方から広範囲に活動する商人も出てきた。

図１－２　伊藤忠兵衛記念館（滋賀県豊郷町）
出典：筆者撮影。

中でも京都に近く主要街道の要に位置した近江商人は、在地性を維持しながら広域志向を強め、全国各地の産物を自分たちの手で流通させる「持ちくだり商い」や「産物回し商法」などの工夫によって、事業を発展させた。さらに、京都・江戸・大坂の三都をはじめ東北から北海道にまで要所・要所に支店を設け、商圏を広げながら経営基盤を確立し、江戸時代を通じてさらには近代に至るまで持続的に発展を続けた。

近江商人の長期にわたる成長・発展の基盤は、広域ビジネスの工夫と商家経営のマネジメントの確立にあるだろう。多くの近江商人は、天秤棒行商の原点を大切にした。すなわち、勤勉と節倹を旨とし、利益優先の私欲を戒めた。代々、商人の本務を守るように、遺言や家訓としてその要諦を子孫に伝えたのである。

例を挙げると、

「他国へ行商するもすべて我事のみと思はず、その国一切の人を大切にして、私利を貪ることなかれ……」（五個荘・中村治兵衛家）。

「商人の使命は万物の有無を通じ、万人の用を弁ずるにあり、いたずらに私欲に走るは本来を誤り、神の御心に違い、身を破るにいたる」（八幡　西谷・内池家）

「商売は菩薩の業、商売道の尊さは、売り買いいずれをも益し、世の不足をうずめ、御仏の心にかなうもの」（豊郷・伊藤忠兵衛家）。

「国の長者と呼ばるることは、一代にては成りかたし。二代三代もつづいて善人の生まれ出る也。……陰徳善事をなさんよりまったく別儀候はず……」（日野・中井源左衛門家）[15]。

以上の例からもわかるように、近江商人は長年にわたる他国での商売の経験を踏まえて、自分の利益だけでなく、顧客の利益を考えること、関係する各地域のすべての人を大切にすることを強調している。これが「売り手によし　買い手によし　世間によし」という三方よしの経営理念として、広く知られている近江商人の精神である。

とくに「世間によし」という視点を重視していた点で、今日の企業の社会的責任の考え方にも通じるものとして注目に値する。しかも、そのために陰徳善事を標榜し、世のため人のための実践に励んだのである。

その内容は、施米・施金、年貢納入の肩代わり、借金返済の猶予、雇用創出のための工事などの貧困救済事業から、橋・道路の建設、水利灌漑・治山治水事業、寺社への寄進等これまで見てきたほとんどの公益活動分野を網羅している。

末永國紀によって挙げられている多くの具体例のうち代表的なものを列挙すれば、次のようなものがある。(16)

①施米・施金

一八〇九（文化六）年、五個荘の二代目松居久左衛門行願は、病床にあって「村の難渋者のために、年々一〇〇両ずつ除け金にして合力するように」と遺言した。この遺言は代々守られたという。

②飢饉対策

天保の飢饉のとき、矢尾喜兵衛家が支店のあった秩父で、大量の白米を大幅に安売りして喜ばれた。困窮者には別途救済策を講じている。

③出世証文・お礼証文

借金の返済を出世払いあるいは免除するもので、近江商人の商家では困窮者に対して陰徳善事としてよく行われており、その証文が残っている。

④飢饉普請

天保飢饉の際、七代目藤野四郎兵衛は、出店していた北海道の松前では、米穀の施与や原価販売を行い、郷里の近江では地元窮民のために、居宅の改築と寺院仏堂の修築工事を敢行し、工事従事者に賃銭を支払うだけでなく、その家族に雑炊を振舞った。

⑤寺社への寄進

中井源左衛門家を筆頭に多くの近江商人が、神社や寺院に建物や灯篭を寄進している。

⑥公共土木工事

近江商人たちは、東海道をはじめとする主要街道に常夜灯を設置したり、京都・大津間の坂道には牛車専用の車石を敷設したりして、交通の便をはかった。中井正治右衛門は、瀬田の唐橋の一手架け替えを幕府に申し出て、一八一五（文化一二）年に完成した。

以上のように、近江商人の「三方よし」「陰徳善事」の実践活動は多岐にわたっている。そのバックボーンとして、創業者以来の経験から導き出され、代々受け継がれた遺言や家訓があった。それとともに、神・仏・儒への宗教的信仰心が篤いことも共通しているように思われる。それは、寺社への熱心な寄進にも現れている。商人が低い身分に置かれた時代に、強く生き抜いていくためには、「陰徳善事」も「菩薩の業」も「おかげさま」も渾然一体となって、商人の心得として身につけ、人生の指針・商売の要諦として活かすべきものであった。

大坂商人の地域社会への貢献

江戸時代に入って商業・経済の中心が京都から大坂に移ると、商人の活躍の舞台はちょうど両都を結ぶ淀川の流れのように、大坂の町で一層の広がりと深まりを見せることになる。武士の人口が一割にも満たない「町人の町」大坂では、商人たちの間に自立・自助・自由の気風がおのずから醸成されていった。寺社への寄進ばかりでなく、公共の施設のために私財を投じる「一建立《いっこんりゅう》」の気風が富裕な大坂商人の伝統として確立する。

舟運が重要な役割を果たした当時の大坂の大動脈として最大の都市基盤となった運河は、道頓堀をはじめとして、ほとんどが町人の力によってつくられたものである。橋も同じで、淀屋が米市の便宜を図るために架けた淀屋橋、末吉孫左衛門が通行人の便のために渡した末吉橋、立売堀を開いた宍喰屋治郎右衛門の名を冠した宍喰屋橋など、一建立の例は数多い。豪商でなくても、町内の商人たちが応分の負担により力を合わせて橋を架け、町橋として共同で維持・管理するものも少なくなかった。

芸術・芸能面での寄与も多大であった。たとえば初期豪商の淀屋や名門の菓子商鯛屋一族などは、自ら和歌、俳諧、狂歌を嗜むとともに、多くの文人墨客と交わり、彼らを支援した。浮世草子、歌舞伎、人形浄瑠璃に代表される元禄町人文化の開花は、大坂商人の幅広いパトロネージがなければ実現しなかったであろう。

また、福祉面では、災害や飢饉に備えた米の備蓄や、貧困から生じる捨て子に対する対策・対応等を、町人たちの自治に基づき協力しながら工夫していた。

江戸期大坂商人が、日本の民間公益活動あるいはフィランソロピーの歴史に果たした役割は以上にとどまらない。壮大な都市づくりや華やかな芸術・芸能の振興に比べて、ともすれば見落とされがちな学問・教育の分野における功績は、今日のフィランソロピー活動の草分けとなる意義深いものである。すなわちそれまでは寄進にせよ、陰徳善事にせよ、商人一人一人の個人的な活動であった社会貢献活動に、今日の財団法人や学校法人のような組織性・継続性を加えた新しい活動の波が台頭するのである。その代表が、船場の懐徳堂や適塾、平野の含翠堂《がんすいどう》という、町人が支えた私塾である。

江戸時代における大坂町人の学問・教育振興活動については、次章で取り上げるので、以下ではすでに述べた近江商人や大坂商人以外の各地の民間（主に商人）の篤志による文化・社会活動の代表的な例をいくつか概観しておきたい。

伊勢商人の文化・社会活動

江戸時代各地で活躍し、近江商人と並び称せられた伊勢商人は、木綿商いで成長した。伊勢の津や松坂に本拠を置き、主に江戸に店を構えて問屋や両替商を営む大商人が多かった。商売の中心は江戸で行ったが、当主は代々伊勢にいて、地域社会に貢献した。

代表的な木綿問屋川喜多家の例をみれば、歴代当主は和歌、俳諧、国学、茶の湯、本草学などの学芸に親しみ、江戸や京都・大坂の学者・芸術家らと交流をもち、その成果を通じて地域の文化振興に還元した。川喜多家は地元の国学者本居宣長との交流や、幕末の探検家松浦武四郎を生涯支援したことでも知られている。川喜多家の姻戚にあたる竹川竹斎は、私財を投じて灌漑池の築造・補修を行い、また私設図書館の草分けとも言われる「射和文庫」を創設して、個人の蔵書を地域社会に開放している。

図1－3　開館当時の石水会館（昭和5年）
出典：石水博物館パンフレットより。

近代に第一六代当主となった川喜多久太夫（半泥子）は、百五銀行頭取としても重責を果たしながら、江戸時代以来の川喜多家の伝統を受け継ぎ、一九三〇（昭和五）年に私財を投じて財団法人「石水会館」を設立した。三重県下初の総合文化施設として、地域の文化水準の向上した文化活動を続けている[17]。同財団は、今日では、公益財団法人「石水博物館」として受け継がれ、地域に根差した文化活動を続けている[17]。

北前船廻船業者の「積善陰徳」

次に、近江商人や大坂商人とも縁のある、江戸時代中期以降に繁栄を遂げた北前船廻船業者たちの活動に目を向ける。大坂から瀬戸内海・日本海を経て北海道に至る西廻り航路は、江戸時代の海の幹線であり、各地の産物流通の大動脈であった。寄港地に商業が興り、廻船業者は莫大な富を蓄積した。

彼らは、北前船による豊かな富を、地域の人々に還元した。福井三国港の内田家、山形酒田港の本間家などはその代表である。大塩まゆみの調査・研究によれば、福井藩のご用達商人でもあった内田家の六代目内田惣右衛門は、①天保飢饉をはじめとする飢饉時救済策としての米の廉売、②失業者のための土木事業による仕事づくり、③困窮者への救貧活動等、心のこもった慈善救済活動を生涯にわたって続けた。また、酒田港本間家三代目本間光丘は、日本海沿岸に防風林を植林したり、常夜灯を設けたり、町民への救済貸しや備荒貯蓄籾の献納などを行い、財力を基盤として公共の福祉に多大なる貢献をした[18]。

北前船廻船業者は、海運というリスクの大きい事業のため、人一倍神仏への信仰心が強かった。

内田惣右衛門や本間光丘の慈善救済活動には、そうした宗教的動機以上に、大商人・富豪としての自覚や地域社会への熱い思いがこもっているように感じられる。福井県坂井市の三国、石川県加賀市の橋立、新潟市、山形県酒田市などの資料館や商人屋敷跡には、俳諧や絵画・書籍など当時の上方商人との文化的交流の証が多く残されている。商業上の取引だけでなく、芸術や学問・宗教を通じた同時代の上方との交流が、彼らの商人意識・倫理観にも大きな影響を与えたものと考えられる。

酒田の本間光丘は、一六歳から二〇歳までの間、播州姫路の商家奈良屋に奉公して商人修行を積んでおり、その経験が酒田での活動の糧となっている(19)。

救民組織「秋田感恩講」

江戸時代後期に幕藩体制の危機が始まると、多くの経世思想家が現れ、主として疲弊した農村の救済活動に知恵と力を注いだ。フランスの救貧制度を紹介し、人口論的見地から間引防止の養育制度を提唱した本多利明、「天・地・人」への恩に報い、荒廃した農村を復興させようと〝報徳社〟運動をおこした二宮尊徳、「一村兄弟の如し」と説き、「明日は我が身」をモットーとした救済組織〝慈悲無尽講〟を設立した三浦梅園らの活躍は目ざましい。

そうした思想家の活動とはやや趣を異にするが、同様の扶助組織を商人が立ち上げたものとして知られているのが、秋田感恩講である。以下、田中實によって、民間公益活動の原点とも評価されている秋田感恩講の沿革と活動概要をみてみよう。(20)

感恩講創立のきっかけは一八二七（文政一〇）年、秋田藩御用達商人那波三郎右衛門祐生が町奉行橋本五郎左衛門を訪れた折、藩財政の悪化・農民の窮乏・子供の間引や捨て子の問題について、改善ないし救済方法を町奉行から相談されたことから始まった。那波祐生は一〇年がかりで資金四〇〇両を提供したいと具申し、これをもとに知行高を買い入れれば、知行からの貢租米によって永続的に救済事業が可能になるとのプランを示した。この提案が受け入れられると、祐生は翌年に予定の四〇〇両全額をまとめて献納。さらに広く同志を募ったため、一八二九（文政一二）年には献金申出者一九一人、その額金二〇〇〇両に達した。そこで、藩当局は知行高二三〇石を購入、救済事業の基本財産とする措置をとり、同時に「感恩講」と名付けることになった。また運営のために〝年番〟という役員を選出し講の体制を整えた。

一八三二（天保三）年には、感恩講を永久に維持するためその性格を「藩のものでもなく、私人のものでもない」独自の基本資産、知行高を確立したのである。その直後に天保の大凶作が発生し、秋田藩も餓死者五万人余りにのぼる史上最大の飢饉に見舞われ、領内各地に農民一揆・打ちこわしが起こった。しかし、秋田感恩講の救恤対策地域においては、死者も打ちこわしも皆無に終わるという成果を上げている。

以降、感恩講の評価も高まり、献金者も増加、幕末には五七〇石にまで規模が拡大する。明治以降も紆余曲折を経ながら活動を継続し、一八九二（明治二五）年には「感恩講慣例」という形で講規を完成する。一八九八（明治三一）年の民法施行後は財団法人となり、生活必需品の支給による救恤活動を展開、さらに第二次大戦後は児童保育活動にウエイトを移し、社会福祉事業法の施行後は、社会福祉法人としての認可を受け今日に至っている。

以上、少し長く引用したが、幕藩体制下において民間の創意によりスタートした組織的救済活動である感恩講が、明治を経て今日に至るまで、つねに公的社会保障のレベルを超える先駆的事業を展開し続けてきたこと、秋田県下の各地に波及して秋田感恩講にならった組織が誕生したこと等、わが国における社会事業史に大きな足跡を残している。

秋田感恩講の発起人那波三郎右衛門祐生の家は、もともと京都の油商人で、秋田藩主となった佐竹家と縁があり、京都から秋田へ移転したが、当初は商売がうまくいかず、粒粒辛苦を重ねた後に、藩御用達の商人となって成功した。那波祐生自身の幼少時の苦労と貧困の体験が困窮者への同情心を培い、さらに商人らしいアイデアを発揮して、長期的に継続しうる組織的で効果的な救済事業を考え出したのであろう。

近世商人の文化・社会活動を支えたネットワーク

以上述べてきたように、近世初期の京都・堺の豪商に始まり、江戸時代に広域的に活躍した大坂・近江・伊勢商人、さらには北前船で潤った日本海沿岸各地の商人たちの繁栄の陰で、心ある商人たちが、蓄積した富を活かして実現した文化・社会貢献の営みは、当時の社会に有益であったばかりでなく、現代社会にとっても先駆的で示唆の多いものである。

近世商人のこうした篤志・徳行が各地で見られたことは、決して偶然のこととは言えないだろう。古くからの神社を中心とした地域社会における相互扶助の伝統や聖徳太子・行基以来の仏教的慈善思想、さらには儒教的道徳観がひろく普及していたことが基盤にあったと考えられる。

加えて、商人にとっては、商売の前提となる「信用」「信頼」が大切で、顧客・取引先・世間とのよき関係を結ぶことが至上の命題であった。そのために、積極的に人々と交流し、情報を交換し、美意識・価値観を共有する努力を惜しまなかった。各地の商人の町で見られたように、商人自身が学芸を嗜み、芸術・芸能や学問・教養を通じて活発なサロン的交流を行ったことはその現れであろう。

地域を越えた文化的ネットワークが、近世商人の文化・社会活動を多彩で豊かなものにするうえで重要な役割を果たしたことを強調しておきたい。

注

（1）吉田久一『新・日本社会事業の歴史』勁草書房、二〇〇四年、第3章参照。
（2）速水侑「行基の生涯」速水侑編『行基』吉川弘文館、二〇〇四年参照。
（3）田村圓澄「『行動』の救済者・行基」速水侑編『行基』吉川弘文館、二〇〇四年参照。
（4）井上薫編『行基菩薩一二五〇年御遠忌記念誌』行基菩薩ゆかりの寺院、一九九八年参照。
（5）最澄、空海、空也の社会事業については、吉田久一『新・日本社会事業の歴史』勁草書房、二〇〇四年、七二〜七四頁参照。
（6）吉田久一『新版　日本社会事業の歴史』勁草書房、一九八一年、五五頁。
（7）加藤眞吾『清水寺の謎』祥伝社、二〇一二年、第3章参照。
（8）吉田久一『新版　日本社会事業の歴史』勁草書房、一九八一年、二二頁。
（9）桜井英治『室町人の精神』（日本の歴史第12巻）講談社、二〇〇一年、二〇八頁。
（10）山崎正和『室町記』朝日新聞社、一九七四年、一六頁。
（11）角山栄『堺――海の都市文明』ＰＨＰ研究所、二〇〇〇年、一一四頁。
（12）角山栄『堺――海の都市文明』ＰＨＰ研究所、二〇〇〇年、第3章1参照。
（13）角山栄『堺――海の都市文明』ＰＨＰ研究所、二〇〇〇年、第3章4参照。
（14）林屋辰三郎『角倉素庵』朝日新聞社、一九七八年。
（15）遺言・家訓については、小倉榮一郎『近江商人の理念』サンライズ出版、二〇〇三年を参照。
（16）末永國紀『近江商人　三方よし経営に学ぶ』ミネルヴァ書房、二〇一一年、第2章参照。
（17）龍泉寺由佳「石水博物館の所蔵品にみる伊勢商人川喜多久太夫家の歴史と文化」あべのハルカス美術

館図録『川喜多半泥子物語』朝日新聞社、二〇一四年参照。
(18) 大塩まゆみ『陰徳の豪商の救貧思想』ミネルヴァ書房、二〇一二年参照。
(19) 大塩まゆみ『陰徳の豪商の救貧思想』ミネルヴァ書房、二〇一二年、第5章参照。
(20) 田中實『公益法人と公益信託』勁草書房、一九八〇年、第2章参照。

参考文献

井上薫『行基』吉川弘文館、一九五九年。
井上薫編『行基菩薩一二五〇年御遠忌記念誌』行基菩薩ゆかりの寺院、一九九八年。
今田忠『日本NPO史』ぎょうせい、二〇〇六年。
大塩まゆみ『陰徳の豪商の救貧思想』ミネルヴァ書房、二〇一二年。
『豪商の登場』(日本の商人第1巻) TBSブリタニカ、一九八四年。
五味文彦『躍動する中世』(日本の歴史第5巻) 小学館、二〇〇八年。
桜井英治『室町人の精神』(日本の歴史第12巻) 講談社、二〇〇一年。
桜井英治『贈与の歴史学』中央公論新社、二〇一一年。
桜井英治・中西聡編『流通経済史』山川出版社、二〇〇二年。
田中實『公益法人と公益信託』勁草書房、一九八〇年。
角山栄『堺——海の都市文明』PHP研究所、二〇〇〇年。
日本仏教社会福祉学会編『仏教社会福祉辞典』法蔵館、二〇〇六年。
橋本徹・古田精司・本間正明編『公益法人の活動と税制』清文社、一九八六年。

速水侑編『行基』吉川弘文館、二〇〇四年。
宮本又次・内田勝敏編『日本貿易人の系譜』有斐閣、一九八〇年。
山崎正和『室町記』朝日新聞社、一九七四年。
吉田久一『新版　日本社会事業の歴史』勁草書房、一九八一年。
吉田久一『新・日本社会事業の歴史』勁草書房、二〇〇四年。
吉田靖雄『行基』ミネルヴァ書房、二〇一三年。

第二章　近世商人が支えた学問・文化

1　江戸時代の学問・教育

私塾の台頭

近世日本の学問はまず京都に興った。中世以前の学問・教育といえば主として公家と僧侶のためのものであり、その中心は都の大学寮・曹司《ぞうし》(1)と寺院であった。中世における武家は、特別の教育施設をもたず、日常の生活と戦時の戦場が子弟教育の場であった。弓馬の道を第一とする武士にとっては現場での実践教育、いわばＯＪＴ（オン・ザ・ジョブ・トレーニング）方式がもっとも有効であったのだろう。したがって中世以前の教育機関は、いずれも官吏や僧侶の養成を目的とした閉鎖的なものであった。例外としては、空海が設けた綜芸種智院がある。貴賤貧富の区別なく門戸を開いた私学の先駆けとも言うべきものであったが、空海およびその保護者であった藤原三守の死後は、長く続かなかった(2)。

公家と僧侶による伝統的学問の土壌を背景に登場した近世朱子学の祖、藤原惺窩は京都五山の一つ相国寺の出身であり、その高弟、林羅山は京の生まれで建仁寺の僧であった。羅山は幕府に儒官として招かれ、江戸に林家塾を開き、後の昌平坂学問所の基礎を築いた。同学問所は幕府直轄の文字通りの最高学府であり、各藩の藩校にも直接・間接の影響を与えることになる。

さらに京都には奇しくも朱子学の山崎闇斎《あんさい》と朱子学に反対して古学を唱えた伊藤仁斎が堀川をはさんでそれぞれに塾を開いていた。仁斎の塾は古義堂と称し、一六六二年からおよそ二世紀もの長きにわたって続いた。主に京都の町衆の子弟のための初中級コースと高度の学問研究を行う「同志会」（研究グループ）との二本立てを特徴としていた。塾生には、武士、浪人の他に医師、富商などの上層町人が多かった。同志会では、会員一同が「極論熟考して其の同異を一に」しようと努めた。仁を説き、『論語』『孟子』の古典にかえれと主張した仁斎は時に酒を飲み、ほろ酔い機嫌になると、弟子にむかって「天下第一等の人となるを志とすべし」と語ったという(3)。

ここに江戸時代の私塾における教育・研究活動、および師弟関係の一端がうかがえる。学者が一人志をもち、これに学ぼうとする者があれば塾は成立する（そのベースには師弟の双方が相手を選

図2－1　漢学塾咸宜園（大分県日田市）
出典：沖田行司『藩校・私塾の思想と教育』日本武道館，2011年より。

び、拒否しうるという緊張感も存在するが）。読み書きの基本を教えた寺子屋と異なり、私塾は高等教育の場であり、塾の主宰者の学風・教養が前面にでるのが特徴である。また藩校とも違って、規則に縛られることが少なく、自由に時代や社会のニーズに応える研究ができた。さらに、各地・各層から向学心に溢れる異能異才の人材が集まる、相互啓発と交流の場でもあった。「学びとは真理を胸に刻むこと。教えとは希望を人に語ること」が教育の原点にあるとすれば、今日の高等教育のあり方を考える際にも、江戸時代の私塾は有益な示唆を含んでいるのではないだろうか。

　大分県日田市に江戸時代最大規模の漢学塾咸《かん》宜《ぎ》園《えん》の遺構を訪れたときのことである。部屋の掛け軸に、「鋭きも鈍きもともに捨てがたし　錐と槌とに使い分けなば」と掛軸に書かれた歌が心に残った。この

表2-1　江戸時代における各種の学校の発達

設立年	私塾	寺子屋	郷校	藩校
～1750年	19*	47	11	40
1751～1788年	38	194	9	48
1789～1829年	207	1,286	42	78
1830～1867年	796	8,675	48	56
不明	18		8	3
合計	1,076	10,202	118	225

注：＊江戸時代以前に設立された2校を含む。
出典：リチャード・ルビンジャー『私塾』（石附実・海原徹訳）サイマル出版，1982年より。

塾を開いた広瀬淡窓《たんそう》（一七八二〜一八五六年）の作で、塾生の個性を尊重し育てていこうとする理念が端的に表現されている。塾名の「咸宜」は、「みなよろし」という意味で、武士・僧侶・商人・農民の別を問わず、すべての階層に門戸を開くとともに、誰もがかけがえのない才能をもつという意味が込められている。こうした方針に基づき、学習カリキュラムから塾生の日常生活に関する規約に至るまで、教育システムが整備されていた。ちなみに広瀬淡窓は、日田の商家博多家の出身である。

江戸後期の一八一四（文化一一）年開塾以降、一八九七（明治三〇年）まで八〇年以上存続し、その間の塾生総数は実に四〇〇〇人を超える(4)。地元豊後の出身者が四分の一を占めるが、遠く北陸、東北地方を含む全国各地から〝留学〟に来ていたのである。交通の不便な江戸時代、しかも文化の中心地であった江戸、京阪から離れた九州の小都市において、咸宜園の教育事業が成功を収めていたことは注目すべきことであろう。

江戸時代は学問・教育が大いに発展した時代であった。①鎖国以後国内の平和が長く続いたこと、②幕府・藩にとって治政のための理論と政策の研究および人材の育成が要務であったこと、③商品経済の発展にともない庶民の中にも学問・学習へのニーズが高まってきたこと、などがその要因として考えられる。さまざまなニーズに応じた学校も増加した。初期には武士のための藩校や郷校、いわば官公立校が主流を占めたが、後期には咸宜園のような私塾や初等教育機関としての寺子屋など民間の教育活動が盛んとなる。

私塾においては通常束脩《そくしゅう》（入門料）、謝礼（授業料）を取った。古義堂や咸宜園のように門人が多数集まった所は別として、収入が不安定で、財政的理由から短命におわるものも少なくなかった。しかし、元禄～享保の頃になると、教育・学問へのニーズがさらに高まり、その社会的意義と公益性を理解した藩や商人有志の支えによって活動を維持・発展させる継続的な私塾が各地に誕生した。

民間教育の潮流

江戸時代に入って半世紀、一七世紀後半になると商業・経済の中心は、京都から大坂へ移る。角倉家に代表される初期特権型豪商（大坂にも淀屋があった）とは異なった新興の商人が台頭した。

「俗姓、筋目にもかまはず、只金銀が町人の氏系図になるぞかし。……難波の津にも、江戸

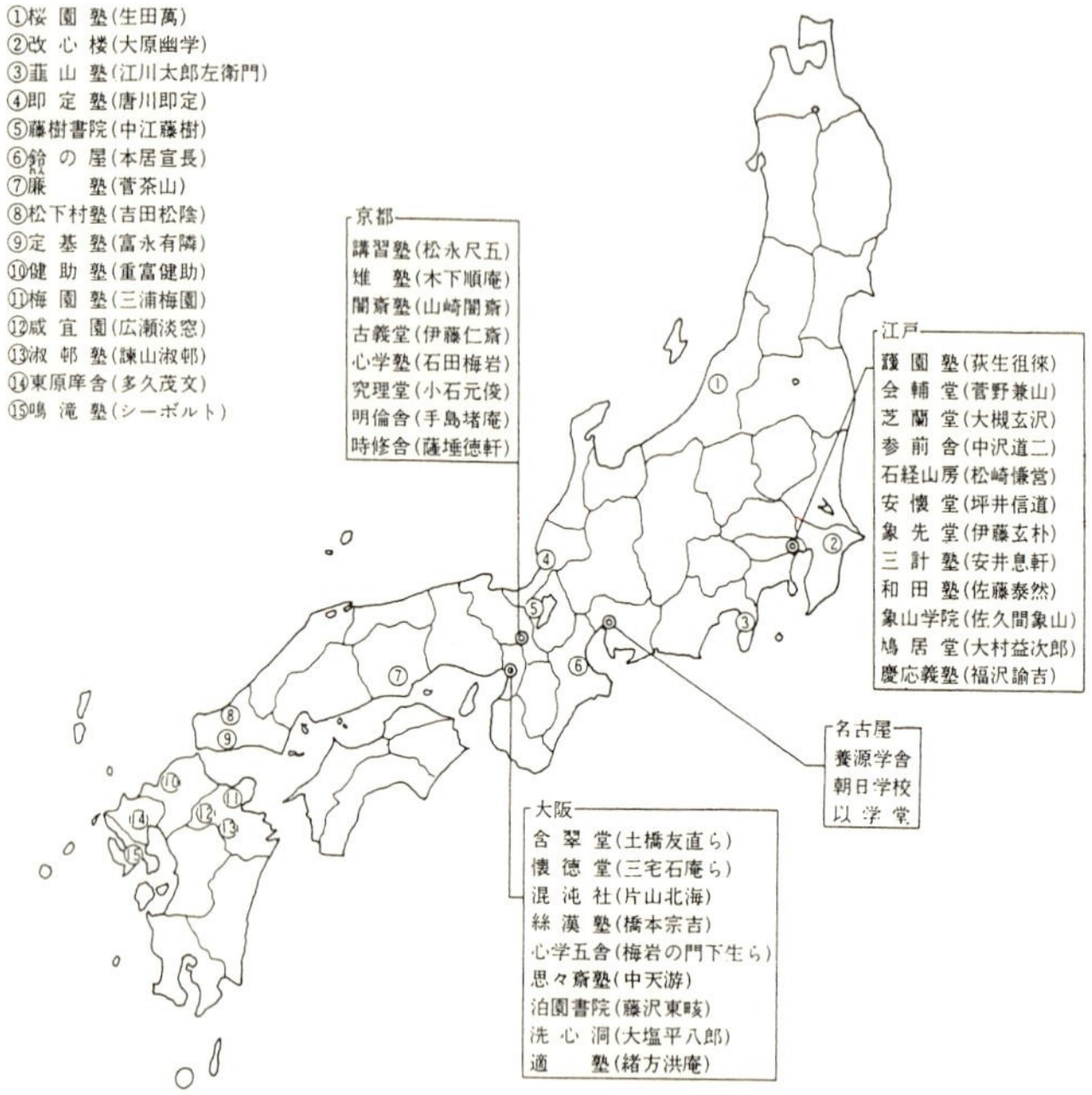

図2-2　日本の主な私塾（江戸時代）

注：（　）は主宰者。

出典：リチャード・ルビンジャー『私塾』（石附実・海原徹訳）サイマル出版，1982年より作成。

酒つくりはじめて一門さかゆるも有。又銅山にかかりて、俄ぶけんになるも有。……家質の銀借して、富貴になるも有。……これらは近代の出来商人、三十年此かたの仕出しなり」

（『日本永代蔵』）

と西鶴が描いたように、酒造業経営で成功した鴻池家や銅山経営で富を築いた住友家など、大坂の町に新しい商人が誕生する。

身分的には、士農工商の最下位におかれた商人が富を蓄え、力を持つにつれ、知的あるいは文化的欲求も高まった。いつの世も文化と経済は社会発展の両輪であり、相互に刺激しかつ支え合う。学問・芸術の華が、まず京都に開き、次いで大坂・江戸へと広がったのも当然であった。西鶴の文学、近松の浄瑠璃、坂田藤十郎の歌舞伎を頂点とする元禄文化が、上方とくに〝天下の台所〟大坂を舞台にくりひろげられた。

町人・庶民の教育・学問という分野では、二つの民間教育活動の流れがおこった。一つは、貨幣経済や文書による統治の進展に伴い、庶民にも〝読み・書き・そろばん〟の能力が求められ、初等教育のための寺子屋が普及したことである。寺子とは室町時代、学習のためにお寺に通う子弟のことであったが、江戸期になると寺子の通う手習所が庶民の間に広がり、上方ではこれを寺子屋と呼んだ（江戸の町では、単に筆道指南あるいは手習師匠と呼んでいた）。いずれにせよ、義務教育でもなかった寺子屋が、以後幕末に至るまで増加の一途をたどり、庶民の初等教育にはかり知れない貢献を果たした。

もう一つの流れが、高等教育における私塾の活動である。なぜ町人が学問を求めたのか。富の蓄積、生活の余裕、知的探求心などがそのベースにあることは確かであろう。それに加えて、この時代、まだ不当視されていた商人の立場、商行為の正当性について理論づけたいという町人自身の切実な欲求もあったと思われる。

作道洋太郎は、「享保期は〝高度成長〟の元禄期から〝低成長〟への転換期。住友、三井、鴻池家などがいずれも家訓を整備して、経営強化に力を入れたときであり、商家経営における倫理的規範の必要性が、大坂商人たちによって懐徳堂が創立された最大の要因であった」と指摘している。(5)

さらに、前述の京都を中心とした新しい儒学の興隆が、大きな刺激となったことも見逃せない。また、商家での奉公体験を踏まえ、神・仏・儒の教えを交えて、商人のよるべき道徳と心得をわかりやすく説いた石田梅岩（一六八五〜一七四四年）が、京都で「心学」の塾を開いたのもちょうど享保の時代であった。

「売利を得るは商人の道なり」、「商人の売利は士の禄に同じ」、「商人の道というとも、何ぞ士農工の道に替ること有らんや」、「商人農工すれば財宝通はすものなし」（『都鄙問答』）などと述べ、商人の営利活動を擁護した。なお石門心学は、広く全国に普及していったが、大坂では心学明誠舎をはじめとする七学舎が町人の手で創立され、京都・江戸以上に発展したという。大坂町人と学問の関係を考える上で興味深いことである。

まさにこの享保期、大坂に懐徳堂、その近郊平野郷に含翠堂という町人の学舎が、前後して発足する。いずれも町人有志の手で開設されたものであり、それ以前の、学者自身が個人の志によ

図２−３　含翠堂講義図（大阪市平野区）
出典：「摂津名所図会」（懐徳堂友の会『懐徳堂』1994年）より。

図２−４　懐徳堂旧址碑（大阪市中央区）
出典：筆者撮影。

り開いた塾とは性格をやや異にしている。

2　町人学問の興隆

町人学舎の誕生

町人自身がリーダーシップをとって、高等教育のための研究・教育施設をつくるのは一八世紀の享保期に入ってからのことである。それまでの高等教育機関といえば、貴族・僧侶あるいは武士のための施設が主で、町人が学問を学ぶとすれば、わずかに京都や江戸に学者が個人で開く私塾の門をたたくぐらいであった。ところが商人が力を蓄えるにつれて、当時の社会における商人の立場・商行為の正当性・商家経営の倫理的規範などを明らかにする必要性が出てきて、商都大坂において、学問に対するニーズが商人の間に高まってきた。

一七一七（享保二）年、大坂近郊の平野（現・大阪市平野区）に含翠堂、一七二四（享保九）年、大坂船場に懐徳堂が、町人有志の手により相ついで呱呱の声をあげた。

この二つの学校は、儒学を中心とするという点では従来の私塾と変わりがなかった。その名称も中国の古典からとったものであり、懐徳堂は『論語』の「君子ハ徳ヲ懐フ」、含翠堂は范魯公の詩の中の「遅遅澗畔松　鬱鬱含晩翠」という句から名づけたといわれている。「含翠」＝「みどりを含む」とは、学舎の庭にあった松にちなんだものである。また懐徳堂・含翠堂の「堂」は「広く高い表向きの広間」の意味であり、江戸時代の学塾の名前によく用いられている。「堂」以外では、「塾・楼・校・舎・館・黌・園・院」などが用いられているが、いずれも建物、部屋あるいは塀などで囲まれた空間を表す言葉が、学習する場という意味で使われている。今日の学校の名称にも多く用いられて名残をとどめている。

含翠堂のフィランソロピー活動

含翠堂が生まれた平野郷は、現在は、大阪市平野区となっているが、中世末期から堺などと並ぶ自治都市として栄えた。近世に入っても大坂平野の綿作を背景とする、商業的農業・手工業地帯の中心として発展し、元禄・享保期には人口一万を擁する都市になっていた。平野では金山の開発や朱印船貿易で名を馳せた末吉家を筆頭に、「七名家」と呼ばれる町人グループが町のリーダーとなっていた。

含翠堂の創設者となった土橋友直も、七名家の一つ土橋家の人で合薬業を営んでいた。彼は若いころ京都へ遊学し、医学・和学を修め、儒学は伊藤仁斎の古義堂に学んだ。また京都で知りあった陽明学の三輪執斎にも師事をして影響を受けている。執斎は実践的学問を尊んだ人で、「政をなすものは徳をもってせよ」といい、『救餓大意』『社倉法大意』を著して飢民の救助と飢饉への備えを説いている。

平野では、すでに元禄期から七名家をはじめとする上層町人の間に、サロン風の漢学の学習会が活発に行われていた。その中心メンバーが土橋友直であり、彼の養父三上如幽（やはり七名家の一）であった。この学習サロンが含翠堂発足の母体となったものと言えよう。含翠堂は、藩校でも藩のバックアップによる郷学でもないのに、設立以後一八七二（明治五）年の明治維新後の学制改革により廃止されるまで、じつに一五五年間もの長きにわたって存続した。それを可能にしたのが、学塾を継続的に支えた町人たちの学問・教育への情熱と商人らしい工夫・才覚である。この点は、一八六九（明治二）年に閉鎖するまで活動を継続した懐徳堂についても共通して言えることである。

含翠堂では学校を設立し、維持・運営する中心メンバーを「同志中」といった。「同志中」には、「創立興成員」と「助力生員」の二種類があり、前者は設立発起人であって設立後は学校運営の責任者となった。後者は賛助者で、財政面を含め学校運営にさまざまな援助を行った人々である。設立当初の「創立興成員」には、土橋友直をはじめ土橋宗信、成安栄信、徳田宗雪、井上正臣、間宗好の六人が名を連ねている。「助力生員」としては一〇人の名が挙がっており、京都以来のつきあいである三輪執斎や懐徳堂の設立メンバーである道明寺屋吉左衛門も含まれている。彼らは年々の掛け金や寄付金を拠出し、さらにこれを基金として「同志中」のメンバーに貸し付けて利息収入を図ることにより、学校の経済基盤を確保した。

学校運営の面では、教授・講師のほかに管理業務を行う留守居役を定めていた。教師陣は京都や大坂から招くとともに、「同志中」のメンバーも子弟の教育に当たっていた。講舎は同志の一人、井上正臣の旧宅を借用している。平野でも有数の大きな屋敷であり、一七二六（享保一一）年にはこの建物を含翠堂が買い取っている。教育は年少者コースと成人向けコースに分けられ、年少者コースでも「読み・書き・そろばん」だけでなく、『論語』『孟子』などの儒学教育を施していた。

社会貢献活動の観点から含翠堂の役割を見るとき、事業の一環に福祉活動を含んでいたことは特筆しなければならない。それは町人同士の相互扶助を超えて、広く地域社会に及ぶ点で欧米のフィランソロピー活動にも匹敵するものであった。その背景にはこの地域が商品作物である綿作に依存していたため、天候・商品相場の影響を受けやすく、農・町民の生活が不安定であったことが存在している。思想的には前述の三輪執斎の徳の教えなどの示唆を受けているであろう。

事業の内容は、貧民救済のために飢饉や急激な物価変動に備えて、平常時から有志が資金を拠出して積み立てておくというもので、これを「賑窮料《しんきゅうりょう》」と呼んだ。賑窮料への寄付金拠出者は、含翠堂同志を中心とした裕福な町人であり、地元平野だけでなく大坂の商人も加わっていた。多額の寄金拠出者のなかから、当番制で年行司（支配人）が定められ賑窮料の管理に当たった。

含翠堂賑窮料による窮民救助活動は、大規模なものだけでも一七三一（享保一七）年のイナゴによる災害から幕末一八五二（嘉永五）年の飢饉時まで、合わせて八回行われている。そのつど貧民に米を配り、多数の人々を餓死から救うという実績をあげている。救済活動により払底した基金は、事後速やかに寄付を募って補填するとともに、貸付による運用を行い含翠堂基金と同様に利殖を図っている。たび重なる災害の発生と多大の出費にもかかわらず、含翠堂賑窮料が江戸時代を通じて民間有志の力で社会福祉事業を継続し得たことは、日本のフィランソロピー活動史のうえでも画期的なことである。それはまた含翠堂創設以来、実践を旨とした町人たちの学問に対する志の発露であり、輝かしい成果でもあった。

含翠堂創設の中心メンバーであった土橋友直は、家業の薬業を営む平野の名望家であった。京都での儒学の研鑽だけでなく、地元杭全神社での連歌のサロンにも参加していた。早くから高い教養を身につけ、同好・同志との交流を深めていた。含翠堂設立後も、こうした文化・教養のネットワークが有効に作用して、多くの人に支えられながら、その事業を拡大・発展させていったのである。こうした文化・教養のネットワークは、江戸時代の商人の文化・社会貢献を考えるうえで欠かせないキーファクターとなっている。

土橋友直は「世上の善意を見て、我が身の鑑とすべし」と言い、その思いをこめた歌を残している。

谷河にかけし丸木の一つ橋　わたる心に世をもわたらん

含翠堂こそは、橋のない川に彼が最初に架けた一本の「丸木橋」だったのかもしれない。幸いその橋は多くの心ある人々の共感と協力を得て強固なものとなり、長年地域社会に多大の便益を提供するとともに、人々の心と心を結ぶ貴重な懸け橋ともなったのである。

町人学問の殿堂——懐徳堂

含翠堂が農業と商業の混在する大坂郊外にあって、教育・社会福祉を通じて地域社会に大きな足跡を残したのに対して、江戸・京都と並ぶ大都市大坂の市中に位置した懐徳堂の役割は、やや趣を異にしていた。シカゴ大学のテツオ・ナジタは、両者の差を次のように述べている。

「地方の学問所」としての含翠堂は、その学問的企図を地方の共同体のために善なる事業をおこなううちに振り向けたのである。他方、懐徳堂は地域の商人を教育することに加えて、知的なコミュニケーションのより広範なネットワークの大事な構成部分となることを追求した。(6) ナジタが指摘するように、懐徳堂は町人の学校でありながら、幕府の学問所、昌平黌にも肩を並べるほどの水準の高い研究活動を行い、歴史に残る学問的成果と全国に広がる知的ネットワークの構築を成し遂げた。初代学主三宅石庵は、虚心坦懐な人物で多くの弟子たちから敬慕された。はじめ朱子学を学んだが、のちに陽明学や陸象山の思想にも共鳴し、古学の伊藤仁斎や和学に造詣の深い五井蘭州とも交流を進めた。その折衷的態度は、一部の人から「鵺《ぬえ》学問」（鵺は頭は猿、胴はタヌキ、手足はトラ、尾はヘビ、声はトラツグミに似た伝説上の怪物）と悪評を受けた。しかし三宅石庵は学説の異同よりも、一つの学派にとらわれない「天下の公」たる学問を志した。

一七二六（享保一一）年の官許にあたっては、懐徳堂創設以前に、三宅石庵が開いていた私塾「多松堂」以来の門人である中井甃庵《しゅうあん》が中心となって動いた。ちょうど時の将軍吉宗が学問奨励をはかった時期である。江戸では菅野兼山が私塾会輔堂を開くにあたり、幕府から金三〇両と学問所用地を得たという情報が大坂にも届いた。甃庵はじめ、諸同志の東奔西走の努力が功を奏し、学問所としての官許と諸役免除、東隣の土地を得ることとなり、学舎の規模も倍近くに拡大した。

この官許の意義については、否定的な見方もある。脇田修は、甃庵が学主三宅石庵に内緒で運動を進めた点から、官許は石庵の本意ではなかったことを指摘し、「かくして懐徳堂の存在は、天下の学における〝公〟から公儀に権威づけられた〝公〟へと変化した。(7)」と当初の志が官許によって後退したことを批判している。確かに初代学主石庵没後、中井甃庵、その子竹山の時代になると諸役免除という特権をめぐって町内とのトラブルが生じ(8)、町人の学問所としての性格が疑問視されるような事実があったことは否めない。この点懐徳堂とも密接な交流のあった平野の含翠堂では、賑窮料を設けて凶年に備え、一七三二(享保一七)年の蝗害に救恤活動を行ったことと対照的である。

しかしながら、日常生活における庶民の道徳教化を意図した郷学含翠堂と、町人が天下の「公学」を興すことを目的とした懐徳堂とを同列に論じることは必ずしも妥当とは言えないだろう。また、学塾の拡充と永続性の維持に心を砕いた甃庵が、幕府の援助を求めたことも、当時の社会状況からして無理からぬ面もあったと思われる。むしろ、その後の懐徳堂発展の礎石を築いた中井甃庵の功績にも目を向けたい。

懐徳堂の学風

官許とは言っても、幕府からは拡充用地の提供を受けたぐらいで、その他はすべて町人の義金によるものであり、実態は私塾と言って間違いない。その学風も表向きは官学たる朱子学を標榜していたが、一つの主義・学派にとらわれない自由なものであった。

この自由で合理的で開放的な学風が、三宅石庵の後も中井甃庵、五井蘭州、中井竹山・履軒兄弟らによって受け継がれて、懐徳堂の名声を高めていった。とくに天明〜寛政期、竹山・履軒兄弟の頃、塾勢は最も盛んとなり、黄金時代を迎えた。その間、多くの有為の人材を育て町人社会の発展に寄与するとともに、学問上でも優れた研究成果を生むことによって世に大きく貢献した。

かつて内藤湖南は『近代文学史論』の中で、「近世期の長い三百年間を通じて他人の学説に依拠せず、自発的な創見と発明を以て立論したのは、富永仲基の『出定後語』、三浦梅園の三語、山片蟠桃の『夢の代』のみ」と評した。このうち豊後国東半島で生涯を送った梅園を除いて、残りの二人はいずれも懐徳堂に学んだ町人学者である。

富永仲基は一七一五（正徳五）年、懐徳堂創立五同志の一人道明寺屋吉左衛門の三男として生まれ、少年の時好学の父や兄とともに石庵に学んだ。彼は儒教・仏教・神道の三大思想を深く究めながら、いずれの権威をも否定し、「今の人のあたりまへより出来たる誠の道」を説いた。(9) 司馬遼太郎は、「富永仲基は、日本ではじめて仏教を歴史的・体系的に洞察し批判できた人」と評価した。富永仲基はまさに時代を先んじた慧眼の持ち主であった。

一方山片蟠桃は、一七四八（寛延元）年の生まれで、幼少より米商人の升屋に丁稚奉公し、最盛期の懐徳堂に入門、中井竹山・履軒兄弟に師事した。経営の才にも秀で、大取引先であった仙

表2－2　懐徳堂関係年譜

	年	西暦	懐徳堂関係	その他の事項
寛永	7	1630		徳川家光，林羅山に土地を与え，家塾(後の昌平坂学問所)をつくらせる
寛文	2	1662		伊藤仁斎，京都に私塾古義堂を開く
元禄	13	1700	三宅石庵　尼崎町2丁目で私塾を開く	
宝永	6	1709		荻生徂徠，江戸に蘐園塾を開く
正徳	3	1713	石庵　安土町2丁目に学舎「多松堂」を開く	
享保	1	1716		徳川吉宗第8代将軍となる（享保の改革始まる）
	2	1717		土橋友直等平野郷に含翠堂を設立
	9	1724	五同志等，尼崎1丁目の道明寺屋吉左衛門（富永芳春）の隠居所跡に学舎を建てる（懐徳堂の始まり） 三宅石庵を学主に迎える	
	11	1726	懐徳堂に官許がおりる	
	14	1729		石田梅岩，京都で心学を説く
	15	1730	三宅石庵（66歳）没	
	16	1731	懐徳堂用地代替として，幕府より銀20貫目を受領	
	17	1732		享保の大飢饉
寛保	3	1743	五井蘭州，助教となる	
延享	2	1745	富永仲基『出定後語』を出版	
宝暦	1	1751	鴻池屋又四郎（山中宗古）等の寄付により，学舎書院の改修工事を行う	
	8	1758	中井甃庵（66歳）没。三宅春楼学主となる定約附記できる	
安永	1	1772		田沼意次　老中となる
	7	1778	懐徳堂「定」制定する	
	9	1780	「学問所」を「学校」と改称	
天明	1	1781	「懐徳堂」義金簿できる	
	2	1782	三宅春楼没。中井竹山，学主となる	天明の大飢饉（～天明7年まで）
	5	1785		松平定信，老中筆頭となる（寛政の改革始まる）

寛政	2	1790		寛政異学の禁(幕府朱子学を勧める)
	4	1792	懐徳堂全焼	
	8	1796	懐徳堂再建落成	
	9	1797		幕府，昌平坂学問所を官学校とする
	10	1798	1人5カ年500目の義金募集始まる	本居宣長『古事記伝』完成
享和	4	1804	中井竹山（75歳）没	
文化	11	1814		広瀬淡窓，日田に私塾咸宜園を開く
	14	1817	山片蟠桃『夢の代』，草間直方『三貨図彙』を完成	この頃，塙保己一『群書類従』を編集（1819完成）
文政	12	1829		那波祐生等の寄付により秋田感恩講設立
天保	4	1833	災厄修補に備えて，同志69名の義金を集める	天保の大飢饉（～天保10年まで）
	8	1837		大塩平八郎の乱おこる
	9	1838		緒方洪庵，適塾を開く
	12	1841		天保の改革始まる
安政	5	1858		福沢諭吉，私塾をおこす
	6	1859	永続助成金を集め始める	安政の大獄
明治	2	1869	財政逼迫のため懐徳堂を閉鎖	

出典：大阪市立博物館資料『懐徳堂――近世の学校』1981年をもとに作成。

台藩・豊後岡藩の財政建て直しに成功するなど、升屋の番頭として腕をふるった。「蟠桃」の号はこの番頭にちなんでいる。

『夢の代』全一二巻は、天文・地理から歴史・政治・経済・倫理・医学に及ぶ該博な知識と自らの商人としての経験を集大成したもので、途中失明しながらも一九年の歳月をかけて完成した。地動説、進化論、無神論的世界観を提示し、科学的合理主義の先駆的学者としても時代を大きく超えていた。

地獄なし極楽もなし我もなし　ただ有
物は人と万物

が辞世の歌。大阪府は、この大学者を記

念して一九八三（昭和五八）年より、日本文化を海外に紹介した優れた研究者を顕彰するため「山片蟠桃賞」を設けている。

蟠桃と同じ頃、懐徳堂を代表する人物に草間直方がいる。一七五三（宝暦三）年、京都の商家に生まれ、最初京都の両替商鴻池家に丁稚奉公したが、のち大坂の鴻池本家に移り、五六歳のとき〝自分家業〟が許され独立して両替商を営んだ。商売のかたわら学問に励み、大作『三貨図《ず》彙《い》』を著した。これは古今の貨幣を実証的に調べるとともに、物価、為替、金融等を論じたもので、今日なお資料的価値の高い労作である。

富永仲基、山片蟠桃、草間直方らの近代科学の先駆とも言える独創的研究が、武士を中心とした保守的な藩校からではなく、町人の学舎懐徳堂から生まれたのは決して偶然ではないだろう。儒学なかんずく朱子学の権威が絶対とされていた時代にあって、大坂の町人学者たちは一つの教義にとらわれることなく、自らの頭で考え、論議し、実際に照らして探究を深めていくことができた。〝鵺学問〟とも悪評を受けた石庵以来の柔軟で自由な学風が、かえって大きな実を結んだのである。

身分制度が厳しい封建時代にあって、懐徳堂は町人のための学塾であることを標榜し、町人が学びやすいように格段の配慮がなされていた。学生は年に五回、若干の謝礼を納めることになっていたが、貧しければ紙一折あるいは筆一対をもって代えてもよかった。またテキストをもっていない者も聴講を認められたし、商用でやむを得ない場合には講義中でも退出が許されていた。「書生の交わりは貴賤貧富を論ぜず、同輩たるべきこと」として、学内では武士や大商人という理由で特別扱いをされるということもなかった。

教授方法も、講師が一方的に講読して聞かせるだけでなく、座談・問答をとりいれて師弟間のコミュニケーションを大切にしていた。学舎内の授業ばかりでなく、ときには子弟ともども平野の含翠堂や近江の藤樹書院などを訪問したり、吉野へ花見に出かけたりして、「他校との交流」や「見学・視察旅行」を実施するなど、教育の実践面でもさまざまな工夫をこらしていた。

懐徳堂を支えた「五同志」

含翠堂と同じように、懐徳堂誕生にもその前史がある、すでに元禄期ごろから大坂町人たちの間にも和学や儒学を学ぶ読書サークルがあった。京都出身の三宅石庵が大坂船場に移り住み、町人に教えはじめたのが一七〇〇（元禄一三）年のことで、一七一三（正徳三）年には、門人たちの財政的援助により学舎が建てられ、私塾多松堂として形を整えた。門人たちの中には、のちの懐徳堂設立に際して有力メンバーとなる、三星屋武右衛門、道明寺屋吉左衛門、舟橋屋四郎左衛門らの大商人が加わっていた。

貸し家を業としていた三星屋武右衛門（中村良斎）は、師の三宅石庵が「われ三都の士に交わること多し。いまだ才徳兼備良斎のごときを見ず」と評したほどの人格者である。旅先で出会った茶店の主人や馬子にも、有益な話をわかりやすく語り聞かせて感銘を与えたというエピソードが残っている。三星屋武右衛門の年来の親友である道明寺屋吉左衛門（富永芳春）は醤油醸造業を営んでいたが、学問に対する情熱は人一倍であり、平野の含翠堂とも関わりをもち、その支援者となっていた。異才富永仲基は彼の子である。一七二四（享保九）年、この二人に舟橋屋四郎左衛門（長崎克之）、備前屋吉兵衛（吉田盈枝）、鴻池又四郎（山中宗古）の三人を加えた五同志が中心となって懐徳堂を発足させた。学舎の用地は、五同志の中でも中心的役割を担った道明寺屋吉左衛門が、彼の隠居宅跡地を提供し便宜をはかっている。

商人の知恵を活かした学校経営

五同志をはじめとする商人たちの、懐徳堂を維持・運営するための創意と工夫は、含翠堂に比して、より入念で徹底したものであった。懐徳堂の歴史的役割は、その輝かしい学問的成果に光が当たりがちであるが、それを支え育んだ学校としての組織・運営面での実績は、今日の学校法人や財団法人等の公益法人の組織的活動に先鞭をつけたものとして、高く評価されるべきであろう。

まず組織面では、研究・教育部門と経営・管理部門を明確に分離したことが特徴である。これにより、三宅石庵が外部との交渉や雑事に煩わされることなく研究・教育に専念し、自由な学風を築くことが可能になった。研究・教育部門には、今日の大学の学長に当たる「学主」、主任教授に相当する「学問所預かり人」、さらに「助講」と呼ばれる常勤あるいは非常勤の教師陣がいた。定約では学主の世襲は禁じられ、たとえ学主の子に才があってもいったんは他人に譲り、その後その子が修行してふさわしい人物となれば学主に就任することができた。血統よりも実力を重んずる懐徳堂らしい合理性を示したものであろう。後期にはこの定めもゆるむが、当初は厳しく守られていた。たとえば初代学主三宅石庵を敬愛するあまり、その子三宅春楼を二代目学主に推す声も強かったが、学問所預かり人であった中井甃庵が二代目学主を兼務した。春楼は後年、三代目学主に就任することになる。

経営・管理部門は五同志が担当し、合議のうえで重要事項を策定した。業務の執行・管理のために同志の中から「年行司」を定めるとともに、日常の事務処理の責任者として道明寺屋から手代の新助が「支配人」として派遣された。今日の公益法人で言えば、五同志が理事、年行司は理事長もしくは専務理事といったところで、支配人は事務局長に相当するだろう。収支の状況は帳簿にきちんと記録され、監査の仕組みも定められていた。

さらに火災などの不時の災害や、学舎の老朽化による修理等で資金を要する場合には、そのつど寄付を募った。一七五一（宝暦元）年の学舎修築に際しては、鴻池又四郎から多大の寄付があった。その後手薄となった基金を補うため、一七八〇（安永九）年から五年間にわたって、義金の積立を行っている。一七八一（天明元）年に作成された「義金簿」にはこの時の寄金の状況が記録されており、白木屋彦太郎、小西新右衛門、鴻池宗太郎、尼崎屋七右衛門、尼崎屋市右衛門、升屋平右衛門ら九名の名が見える。

一七九二（寛政四）年には大火があり、懐徳堂も全焼の被害を受け、再建までに四年の歳月と七〇〇余両の費用を要している。幕府からは三〇〇両の下賜金があったが、残り四〇〇余両は同志や門下生の町人たちによって調達されたのである。再建以後の義金募集は、初期の少数同志依存型と異なり、より多数の町人に呼びかけ、財政基盤を広げていった。

幕末の一八五九（安政六）年には、同志から五年間無利息で銀を借入れ、それを債主に預けて利息収入を得るということがあり、これを〝永続助成金〟と名付けていた。名目は貸付であっても実質的には利息分の寄付を行ったことにほかならない(10)。

懐徳堂が、およそ一五〇年もの長期にわたって、町人の力で学問を発展させ、教育活動を継続しえたのは、以上のような組織と財政のしくみが確立していたからこそであろう。二度の大火、建物の老朽化等、幾多の困難、紆余曲折を経ながらも、五同志以来の高い志を貫徹し、商人らしい才覚を発揮してその運営を維持していった。懐徳堂は、町人の学問・教育を通じての社会への貢献という業績だけでなく、組織・運営システムの開発・確立という面においても今日の財団法人・学校法人等の原型として位置づけうるのである。

ただそれだけではなくて、彼ら商人たちが学問を好み、自分たち自身のための学塾、懐徳堂の意義を十分認識してそれを支えたこと、さらに実際面で大坂商人の「始末・才覚・算用」の経営ノウハウを学問振興による社会貢献活動に効果的に応用したことは忘れてはならないことであろう。

3　大坂商人と日本のフィランソロピー

信と徳のネットワーク

わが国民間公益活動のパイオニアとなった代表的な大坂商人について少しスポットライトを当ててみたい。懐徳堂創設五同志の尽力の大きさについては言うまでもない。いずれも、町人の学問の必要性を感じ、自らも学を好み、教養を高めた旦那衆であった。中でも懐徳堂開設以前から三星屋とともに三宅石庵をバックアップし、学舎用地の手配、支配人の派遣等で五同志中のリーダー的役割を果たした道明寺屋は、懐徳堂生みの親といっても過言ではあるまい。彼はまた平野の含翠堂設立のメンバーの一人としても町人学問の振興に寄与している。

懐徳堂と含翠堂の交流は、ネットワークという点からも重要な意義をもっている。当時ほとん

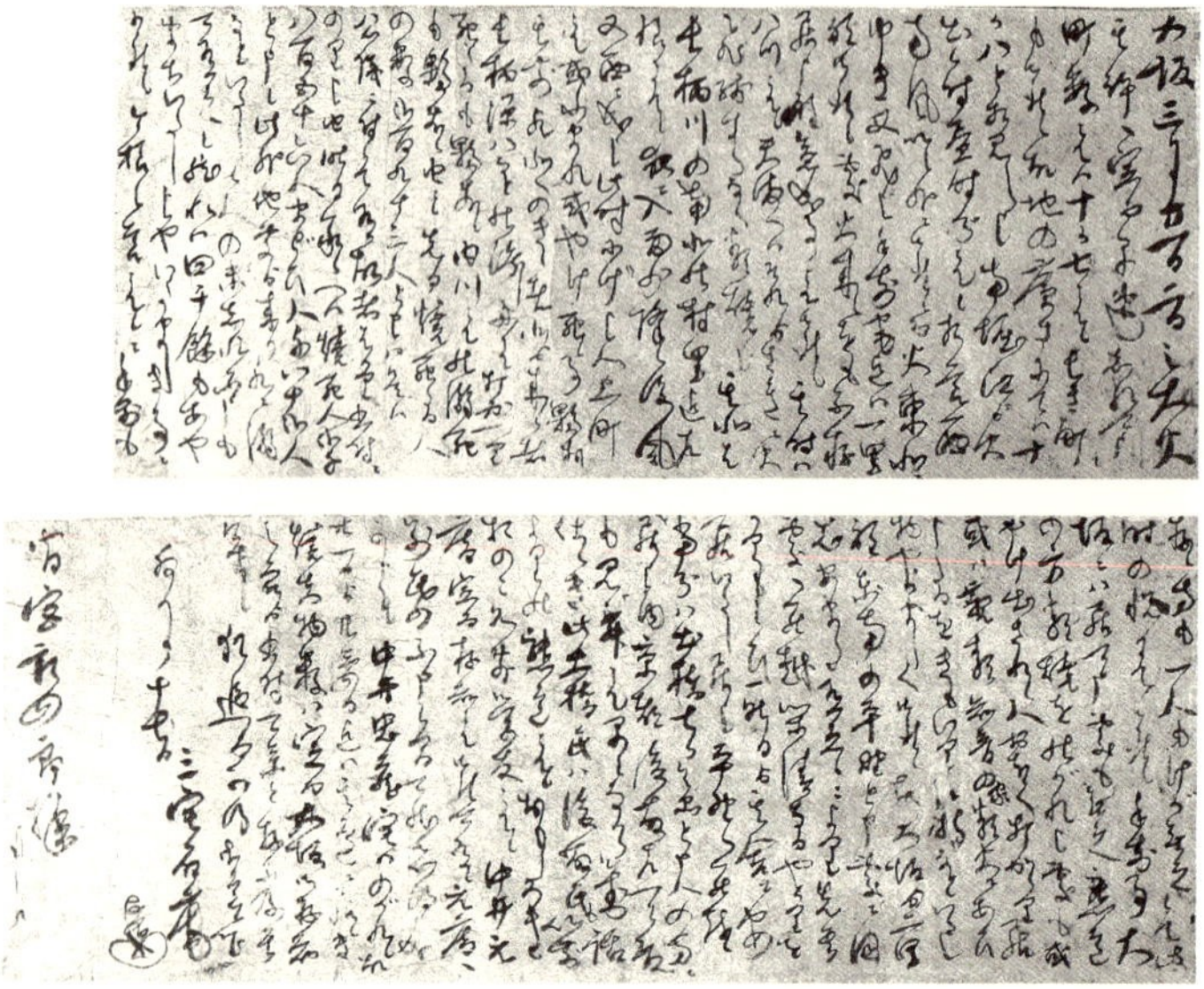

図2-5　三宅石庵の書簡（大阪商業大学商業史博物館蔵）

三宅石庵が享保の大火の状況を記したもの。避難先の平野土橋家での，商人・学者との交流の様子を述べている。

ど例のなかった商人の力による私塾の経営・運営について懐徳堂と含翠堂の中心メンバーが交流し、ノウハウを交換し合ったことは、相互に大きなプラスとなったにちがいない。

　大阪商業大学商業史博物館が入手した懐徳堂初代学主三宅石庵の書簡によれば、一七二四（享保九）年の妙知焼と呼ばれる大坂の町の大火の際に、三宅石庵は大坂高麗橋から平野に避難し、含翠堂の創設者土橋友直の世話になっている。懐徳堂発足以前から両者の縁があったことを示しており、含翠堂の命名も石庵の提案によるものであった。

創立以後の懐徳堂の維持・発展は、鴻池家を抜きにしては考えられない。五同志の一人鴻池又四郎は鴻池本家三代目善右衛門宗利の娘の養子として鴻池本家に迎えられ、別家又四郎家の初代当主となった。江戸中期以降大阪最大の豪商となった鴻池家は、懐徳堂に対し、長年にわたって多大の財政的援助を惜しまなかった。前述の天明元年「義金簿」に名前の出ている鴻池宗太郎は、鴻池又四郎の曾孫にあたる。一族の草間直方も、懐徳堂に学び、自ら学者として業績を残すとともに、経済的にも支援を行った。

五同志の他にも、多くの商人が懐徳堂を支えた。北浜で醤油醸造業を営んでいた尼崎屋一族も有力な支援者で、享保一一年に懐徳堂が敷地を拡充した際には土地を提供し、さらに天明の義金簿にも尼崎屋七右衛門、市右衛門の両名が名を連ねているなど学校の維持に一〇〇年以上にわたって貢献している[11]。後期には山片蟠桃を出した米商人山片家（升屋）や平瀬家（千草屋）、白山家（炭屋）などの両替商が重要な役割を果たした。

鴻池家と並び称せられる住友家もまた懐徳堂と縁が深かった。とくに、本家五代目友昌の実弟で、分家の祖となった入江友俊は、懐徳堂に学び、五井蘭州から教えを受けた篤学の士であった。また施与を好み、学問あるいは公共への私財提供に躊躇するところがなかった。

以上のような多くの人々に支えられて、江戸時代末まで事業を続けた懐徳堂も明治維新前後の、大坂町人の財力低下とともに経営維持が困難となり、その社会的使命を終える。「百余り四十路四年のふみの宿　けふをかぎりと見かへりて出づ」の歌を校門に貼って、学舎を閉鎖せざるをえなかった最後の学主並河寒泉の心中はいかばかりであったろう。

江戸期大坂町人の学問・教育への貢献は懐徳堂への支援にとどまらなかった。石田梅岩の教えを広めた心学塾をはじめとして、詩文を盛んにした混沌社、徂徠学の泊園書院等多くの私塾にも町人の参加・支援は大であった。

中でも福沢諭吉、大村益次郎、大鳥圭介、佐野常民、橋本佐内等々の幕末・維新期に活躍する錚々たる人材を輩出した緒方洪庵の適塾はあまりにも有名である。蘭学、医業を通じて日本の近代化に大きく貢献した洪庵は、自費を投じて種痘館を設立し、天然痘の予防に貢献した。「わが国への種痘の導入にすみやかに対応してから活動を軌道にのせるまで一〇年間、この大坂における活動は、京都の有信社と並んで、ほとんど町医者と町人のみの力によってすすめられた。わが国の歴史のなかでまことに稀有の快挙として特筆に値する」(12)。この洪庵の事業をバックアップしたのが、両替商の天王寺屋、高池屋、唐物商の大和屋などの大坂商人たちであった。

また、鴻池家の草間直方は、塙保己一の『群書類従』の編集を助成している。鉄眼和尚の『黄檗の蔵経』出版も大坂商人の支援によって実現した。今日の民間助成財団の主たる活動である研究助成、出版助成事業という形でもパトロネージが発揮されていたのである。

テツオ・ナジタは力作『懐徳堂』全編を通じて、一八世紀に花開いた大坂商人の「経世済民」への深い志と「徳」の探究、階級と地域を超えたネットワークの成果について、日本の近世および後世に与えた影響を高く評価している。「経世済民」とは、その近代化された略語「経済」以上の意味をもち、「世の中を整えること」を意味する「経世」と、「人民を救うこと」を表す「済民」との両方を正確に含んでいなければならない。政治を担当する者にとっても、経済にたずさわる者にとっても、基本となる道徳である。ここから武士や商人という階級を超えた普遍的倫理たる「徳」の重要性が浮かび上がってくる、というのがナジタの主張である。

懐徳堂を創設した船場の五同志も、含翠堂を支えた平野の七名家も、いずれも徳を志した商人たちであった。彼らは、地域を超え、身分を超えて知のネットワークを全国に広げ、相互に交流し刺激しあった。さらに、「興廃常なきは私塾の習い」であった風潮のなかで長年にわたって学校組織を維持し、自由で実践的な学風を確立した。大坂商人たちの商人としての自覚、社会への関心とそれを具体化する活動が、一八世紀の享保期に勃興したのは必ずしも偶然とは言えない。京都には石田梅岩の石門心学が興り、町人たちの間に広がった。

この時期は高度成長の元禄期から低成長への転換期であり、商家は家業の安定と経営組織の確立に全力を尽くした。住友・鴻池・三井家などの大商人が、家憲・家訓を整備して経営理念と行動指針を明確にした。浮沈の多い「商人」から堅実なゴーイング・コンサーン（継続事業組織）

としての「商家」への脱皮をはかったのである。
武士・農民中心の時代にあって、自分たちの社会的地位が脆弱であったこと、また商いという生業の本質からしても、商人は社会への関心を強くもたざるを得なかった。取引の基本には信用が不可欠であり、正路の商いを行い、相手も自分も両方を立てることが要諦となる。また「お蔭様で」という商いの精神には、直接の取引先だけでなく「世間」への感謝を含んでいた。早くから京都や近江の商人には、「売り手よし、買い手よし、世間よし」という「三方よし」の経営理念があり、世間に対する報恩・感謝は生活信条となっていた。

フィランソロピーの水脈

欧米人の目には、日本という国はフィランソロピーの伝統がなく、社会貢献の芽が育ちにくい風土と映る。日本に長く滞在し、日本文化を深く研究したフランスのジャーナリスト、フィリップ・ポンスは次のように記している。

「日本には純然たる人類愛の伝統はない。現代の大衆社会でも、ましてや階級の分かれていた封建的・儒教的な社会でもなかった。たしかに、過去において貴族階級や富裕な商人が芸術家や職人を保護したことがあったとすれば、それはつねに定期的に決まった行為であった。すなわち社会的地位を高めるために邸宅を美しくするとか、芸を習うとかである」[13]。

アメリカのフィランソロピー研究者ナンシー・ロンドンは、日米両国における社会貢献活動の実情をつぶさに調査して以下のように述べている。

「日本では、奉仕作業か金銭供与かを問わず、宗教団体、寺院、神社以外への個人の寄与はきわめて僅少である。……個人個人が社会に対し、自発的に寄与する義務と能力とが存在することを認めかつ実践するという伝統が欠如している」[14]。

欧米人ばかりでなく、日本人自身の中にもそうした見方が少なくない。フィランソロピー、メセナ、ボランティアといった言葉自体、欧米からの「輸入品」であり、それが一般化したのは近年になってからの現象で、いまだ社会に定着していないという意見も多い。「日本には家族や企業という機能グループはあるが、無差別の個人の集まりを前提とした西欧的な意味での『コミュニティ』や『ソサエティ』というものが成立しておらず、したがって自己の帰属するグループに対する恩や義理を感じても、抽象的あるいは一般的な『社会』への寄与・貢献という発想は出てこない」とナンシー・ロンドンは指摘する。

西欧的近代市民社会という視点を基準とすれば、たしかにそういう面はあるかもしれない。現代日本人にとっても、「コミュニティ」や「シチズンシップ」はなじみにくい概念であり、「コーポレート・シチズンシップ（企業市民精神）」が企業に求められるといっても、その中身は必ずしも明確ではない。今日、日本において広がりつつある企業の社会・文化活動や個人のボランティア活動が、主に欧米の文化的影響を受けて発展を遂げてきたことも事実であり、フィランソロピー精神や寄付・ボランティア活動が欧米に比べて低い水準にあることも否定できない。

しかしながら日本の歴史をふりかえってみれば、民間の社会貢献活動に、西欧からの影響とは言えないもう一つの大きな流れがあることを確認できる。それは明治の近代化よりはるか以前に起源をもち、ときには伏流水となり、ときには大河となって日本の社会を潤してきた。その淵源は古代社会における聖徳太子・光明皇后をはじめとする皇族・貴族、あるいは行基・空海らの僧侶による仏教的慈善活動にまでさかのぼることができる。この点は、西欧のフィランソロピーやチャリティ活動が、キリスト教的色彩をもっているのと相通じるものがある。しかも古代の仏教的慈善活動が、①貧民救済や医療を通じての福祉活動、②建設・土木事業による生活基盤・環境づくり、③教育・学芸・文化の振興、の三つの分野を主な対象としていた点は、今日の社会貢献活動の原型をなすものであった。

ナンシー・ロンドンが指摘したように、シチズンシップやノブレス・オブリージュなどの市民意識や貴族意識に基づく「義務や責任」、あるいはキリスト教的な富者の「贖罪」といった西洋的な意味でのフィランソロピー精神・活動は日本では普及しなかったかもしれない。町人にとって「はじめに全体ありき」という思想はなく、ソサエティやコミュニティに相当するような、明確な社会単位を前提とするような行動はとりにくかった。

しかしながら、「神の下」あるいは「社会の一員」としての義務感が希薄だからといって、フィランソロピー的な精神がないということにはならない。江戸時代の商人のように、自分-家族・親族-近隣-世間へと実感をもちながら視野を広げていくのが、日本における「市民」の社会意識であった。西洋人の目には、あいまいで自分勝手に見える「世間」という社会に対して、「感謝・報恩」という考えから、徳を積み善を実行したのが、近世商人の社会貢献活動である。そしてこの精神は近代以降の企業にも継承されていくのである。たとえば新聞社の創刊〇〇号記念であるとか、企業の創立〇〇周年記念として、財団設立や社会事業への寄付を行う企業が多いのも、事業の節目に世間（社会）への感謝・報恩の念を形にして明らかにするという近世以来の商人の伝統の一つであろう。

欧米のフィランソロピーが、空の上から雨をもたらすように、その範囲も効果もはっきりしたものだとすれば、日本の社会貢献活動は川の流れのように周囲を潤し、徐々に浸透していく。その及ぶ範囲ははっきりとはしていないが、単に流域だけにとどまらずいずれは大海に注ぎ、はては雨水のもとにさえなるかもしれない。懐徳堂・含翠堂に注ぎ込まれた大坂商人の「フィランソロピー精神」は、当時における全国の学問・教育を潤したばかりでなく、後世の学問・文化を潤し、企業の社会・文化貢献を中心とする民間公益活動をも潤しているのである。これからの日本におけるフィランソロピーの発展を考えるとき、欧米のメセナやフィランソロピー活動に学ぶだけでなく、日本の社会貢献の輝かしい伝統を世界に誇り得る貴重な財産として活かしていくことも大切なことではないだろうか。

注

(1) 曹司とは、宿寮と学問所を兼ねた学舎。大学内に設けられた直曹と大学の外に各家が一門の子弟を教育するために設けた別曹（藤原氏の勧学院など）があった。
(2) 綜芸種智院については石川謙『日本学校教育史の研究』小学館、八〇〜八二頁参照。
(3) 奈良本辰也編『日本の私塾』淡交社、一九六九年、一〇九頁参照。
(4) リチャード・ルビンジャー『私塾』（石附実・海原徹訳）サイマル出版会、一九八二年、七六頁参照。
(5) 作道洋太郎『江戸時代の上方町人』教育社、一九六二年参照。
(6) テツオ・ナジタ『懐徳堂』（子安宣邦訳）岩波書店、一九九二年、一一五頁参照。
(7) 脇田修「町人学問所としての『公』」『季刊日本思想史』第二〇号、ぺりかん社、一九八三年、二七頁。
(8) たとえば当時、大坂の町では捨子があると、その養育を町内で分担したが、懐徳堂は諸役御免を理由に費用負担を断るといったことがあった。
（9）梅谷文夫・水田紀久『富永仲基研究』和泉書院、一九八四年参照。
（10）藤井定義『懐徳堂と経済思想』大阪府立大学経済学部、一九七六年参照。
（11）肥田晧三「懐徳堂に寄与した尼崎屋一族」『上方風雅信』人文書院、一九八六年。
（12）赤木昭夫『蘭学の時代』中公新書、一九八〇年、一六六頁。
（13）フィリップ・ポンス『江戸から東京へ』（神谷幹夫訳）筑摩書房、一九九二年参照。
（14）ナンシー・ロンドン『日本企業のフィランソロピー』（平山真一訳）ＴＢＳブリタニカ、一九九二年。

参考文献

石川松太郎『藩校と寺子屋』教育社、一九七八年。
梅溪昇『大坂学問史の周辺』思文閣出版、一九九一年。
梅溪昇・脇田修編著『平野含翠堂史料』清文堂出版、一九七三年。
大阪市立博物館第一〇三回特別展図録『懐徳堂』一九八六年。
『大阪府史』大阪府、一九八五年。
沖田行司『藩校・私塾の思想と教育』日本武道館、二〇一一年。
懐徳堂友の会『懐徳堂――浪華の学問所』一九九四年。
公益法人協会『公益法人論文選』一九九七年。
竹田健二『市民大学の誕生』大阪大学出版会、二〇一〇年。
辻本雅史・沖田行司編『教育社会史』（新体系日本史16）山川出版社、二〇〇二年。

津田秀夫『近世民衆教育運動の展開』御茶の水書房、一九七八年。

テツオ・ナジタ『懐徳堂』(子安宣邦訳)岩波書店、一九九二年。

ナンシー・ロンドン『日本企業のフィランソロピー』(平山真一訳)TBSブリタニカ、一九九二年。

西村天囚『懐徳堂考』一九一一年。

橋本徹・古田精司・本間正明編『公益法人の活動と税制』清文社、一九八六年。

林雄二郎・山岡義典編『フィランソロピーと社会』ダイヤモンド社、一九九三年。

フィリップ・ポンス『江戸から東京へ』(神谷幹夫訳)筑摩書房、一九九二年。

宮本又次『町人社会の学芸と懐徳堂』文献出版、一九八二年。

安岡重明・藤田貞一郎・石川健次郎『近江商人の経営遺産』同文館、一九九二年。

湯浅邦弘編『懐徳堂事典』大阪大学出版会、二〇〇一年。

湯浅邦弘編『懐徳堂研究』汲古書院、二〇〇七年。

脇田修・岸田知子『懐徳堂とその人びと』大阪大学出版会、一九九七年。

第三章　近代企業家の文化・社会活動

1　近代初期における経済界リーダーたちの公共・公益活動

明治維新以降の近代経済の担い手として、近世商人からの脱皮組に加え、旧武士や農民など各層からの、新興企業家が続々と登場する。彼らが新時代を切り開く事業を起こし、産業を振興し、富を蓄積する主役となっていく。事業を成功させ、財を成した企業家の中には、社会貢献の志を強くもち公共・公益のための活動に力を尽くした者が少なくない。

江戸時代、全国一の商都として栄えた大阪は、維新期の経済変革の荒波をもっとも激しくかぶることになり、旧幕府時代の大商人も大きな打撃をこうむった。

幕末の鳥羽・伏見の戦乱による被害に加え、京都から東京への遷都、新政府による大阪商人への御用金賦課、銀目（銀貨立て取引）廃止、堂島米市場・蔵屋敷廃止、藩債処分（大名貸し債権の不良債権化）、株仲間の解散による商取引の混乱等々により、多くの商人が没落し、一時期大阪経済は火の消えたように沈滞した。

しかしながら、この激動の荒波を乗り越えた商家・商人も多く、また商都大阪の気風と地の利はやがて全国各地から新興の商人・起業家を呼び寄せ、紡績・繊維、造船、鉱業、鉄道、金融、商社をはじめとする近代産業をリードする経済都市としてよみがえり繁栄していった。

近代経済をリードし、ビジネス面で新分野を切り開き成功を収めた商人・企業家たちの多くは、ただ自らの私的な利益だけでなく、国家・社会の公益のために貢献したいという志を抱いていた。そうした志を、具体的な形に表し、継続的に実践した企業家の先駆的事例をいくつか取り上げてみたい。

日本を代表する近代産業都市大阪で

維新期に沈滞した大阪経済は、ようやく明治中期ごろになって息を吹き返し、日本を代表する近代産業都市として復活するが、その牽引役となった経済界のリーダーは、五代友厚、藤田伝三郎、松本重太郎をはじめとする、主に新興の企業家であった。商才に恵まれた彼らは、地方から大阪に出て次々に新事業を起こし、人脈を活用してビジネスを広げ、資産を蓄積し、近代産業の旗手となっていった。

ここでは、ビジネスの成功ばかりでなく、文化・社会貢献の面でも大きな足跡を残した五代友厚、藤田伝三郎を取り上げる。

五代友厚

五代友厚（一八三五～一八八五年）は東の渋沢栄一と並び称されるほど、多くの近代的新規事業を起こし、地縁・血縁を超えた共同事業という新しいビジネスモデルを構築し、経済界のリーダーとして他の新興の企業家や住友・鴻池など旧来の商家と協力して、大阪経済の発展に尽くした。とくに、証券取引所の前身となる大阪株式取引所（一八七八年）と、大阪商工会議所のもととなった大阪商法会議所（一八七八年）の創設は、大阪経済の近代化に重要な意義をもつものであった。

図3-1　五代友厚
出典：『大阪商業大学商業史博物館紀要』16号，2015年より。

五代友厚は単なる企業家としてのビジネス活動にとどまらず、経済近代化のリーダーとして大きな役割を果たしたのであるが、他方今日の企業家の社会・文化貢献の先駆となる活動も行っている。

その代表例が、五代が主唱して一八八〇（明治一三）年に設立された大阪商業講習所である。彼は、経済近代化を担う人材の育成が急務であることを痛感し、有志企業家に協力を呼びかけ、当初は私立の学校として発足し、その公共性に鑑み、後に公立の商業学校に移行した。一八八九（明治二二）年には、市立大阪商業学校となり、さらに高等商業・商科大学を経て現在の大阪市立大学へと成長を遂げている。

東京では、一八七五年に私塾形式の商法講習所がスタートし、以後東京市・農商務省の直轄となり「東京商業学校」と改称され、さらに「高等商業学校」を経て、現在の国立一橋大学へと同様の発展を遂げている。その原型を整え、財政面で支えたのは、渋沢栄一であった。渋沢栄一はまた、多くの私立の商業学校を支援し、実業教育の振興に尽くしたことで知られている(1)。

渋沢栄一と同時期に、主に大阪を舞台として活躍した五代友厚は、近代草創期のリーダーを代表する志をもった有能で実行力のある人物であった。一八三五年薩摩藩の儒者の家に生まれ、二二歳の時に長崎海軍伝習所に学び、幕末の志士や蘭方医など多くの知己を得る。さらに一八六五年には、薩摩藩留学生の引率者としてイギリスはじめヨーロッパ諸国を訪問し、西欧の近代社会・産業の実情に触れる貴重な体験をしている。

明治新政府のもとで、その知識と経験を認められ、外国事務係に登用され、大阪に赴任し、幅広い人脈を築いた。一八六九（明治二）年、横浜への転勤を機に官を辞して、以後大阪の商工業の発展に尽力することになる。

実業家の国家目的への寄与を説いた渋沢栄一などにも通じるが、五代はこの時期のリーダーの特徴として、何よりも国益に思いを馳せていた。私的利益よりも公共的利益を優先した。宮本又次によれば、「あたかも官営事業をやるようなつもりで、損益を度外視して、私的企業に乗り出していった。五代は、多くの会社にも関係したが、個人の企業というよりも、大阪の財界人を総動員し、それらを覚醒させ、深い眠りからふるいたたせたいと新規事業を計画し、財界のまとめ役となった(2)」。

五代は、個々の事業の経営・マネジメントよりも産業近代化の方向を示し、株式取引所や商法会議所の活動を通じて商工業発展の基盤を築き、企業家を鼓舞・指導し、さらに商業講習所を設立して近代的人材の育成をはかるという公共的活動において大きな役割を発揮したのである。

彼の「国益」中心の思想的背景として、第一に幼少より父の影響もあり漢学の知的素養を身につけていたこと、第二に若くして郷里を離れ長崎で多くの有能な人物と交わり、変化する時代の空気と新しい国家観を吸収したこと、第三に海外に出て西欧近代社会の実情に触れる体験をしたことは重要な点であろう。

図３－２　藤田伝三郎

出典：『大阪商業大学商業史博物館紀要』16号，2015年より。

藤田伝三郎

藤田伝三郎（一八四一〜一九一二年）は、長州萩の醸造家の生まれで、長州藩の人脈を活かした政商的ビジネスで成長する。藤田組をつくり、土木請負、鉱山経営、児島湾干拓等の事業を展開する傍ら、大阪紡績（後の東洋紡）、山陽鉄道（後のＪＲ西日本山陽線）、宇治川電気（後の関西電力）等の会社設立にも関係した。ただし、後年共同経営者であった兄弟の子らとの間に亀裂が生じ、三井や三菱のような大資本グループの形成には至らなかった。

藤田伝三郎は、日本の近代産業の勃興に大きな役割を果たしたばかりでなく、五代友厚と協力して、大阪商法会議所の創設に尽力し、五代の死後は第二代会頭として、大阪経済界をリードした。前述の人材育成のための大阪商業講習所設立にあたっても、江戸時代以来の豪商住友吉左衛門、鴻池善右衛門らとともに多大の寄付を行って支援している。また、日本女子大学の化学館建設に寄与したり、慶應義塾・早稲田大学にも寄付したりして教育面において貢献している。

他方、慈善活動にも熱心で、一九〇六（明治三九）年には、三〇万円を元金として慈善基金を設け、出身地の萩や、大阪をはじめとするゆかりのある各地の生活困窮者への救済活動を続けた。

これは、基金を維持しその利息により福祉活動をおこなうという今日の財団法人的発想であったが、当時としては時期尚早であったのか定着しなかった。

また藤田は事業の傍ら、能、舞踊、茶道等を嗜む趣味人でもあった。とりわけ維新直後の混乱期の重要美術品の海外への散逸を憂えて、古美術品の収集に生涯力を注いだ。彼は、「かかる国の宝は一個人の私有物として秘蔵するにあらず、広く世に公開し、同好の友とよろこびを分かち、またその道の研究の資料にせまほしく」(3)という信念をもち、長年収集してきた美術品を、常時公衆の展観に供したいと考えていたが、その夢は彼の死後、後継者によって一九五四（昭和二九）年に藤田美術館として実現することになる。

藤田伝三郎は、父親の影響もあり幼少時から漢学を学んだ。また両親ともに勤勉・品行方正で、仏教への信仰心も篤く、倹約家で陰徳・慈善を旨としていた。両親から受けた薫陶は後の彼の生き方の指針となったものと考えられる。さらに、五代友厚同様、幕末・維新期をリードする渦中の藩に生まれ、時代の変化に敏感に反応し、多くの志士たちとの交流を深めながら、事業を通じて国家・公益に尽くすという志を抱き、自らの進むべき道を切り開いていったと言えるだろう(4)。

住友吉左衛門友純

明治維新に際して、江戸時代以来の多くの豪商が打撃を受けたが、中には巧みな守りの経営により、あるいは思い切った革新の断行により、時代の荒波を乗り越えた商家も少なくない。住友吉左衛門友純《ともいと》（一八六五～一九二六年）もその一人だ。

一八七三（明治六）年に開設された一般庶民のための病院「大阪府病院」は、府下の有志三〇〇名の醵金により設立されたが、有志の中には古くからの豪商加島屋の広岡九右衛門、鴻池善右衛門、住友吉左衛門らの名前が挙がっている。前述の大阪商業講習所設立の際にも、旧商人・商家が多大の財政的援助を行っており、江戸時代以来の民間公益活動の伝統は受け継がれている。

中でも、住友家は広瀬宰平、伊庭貞剛、鈴木馬左也らの優れた人材を迎え入れ、経営の近代化・事業の多角化にめざましい成功を収め、住友財閥として発展を遂げた。住友家の家政と切り離して、グループの経営を任された彼ら番頭型経営者は、思い切った事業革新を断行した。他方で、広瀬は家法を制定し、「浮利を追わず」といった住友家伝来の事業精神を明文化した。「君子財を愛す。これをとるに道あり」と語った伊庭は「心の人・徳の人」と評され、高い志と信念を持った経営者であったと言われている。鈴木もまた、若年時に身につけた禅宗や「報徳思想」を背景に国家社会のための事業を志した経営者であった(5)。

彼ら専門経営者（総理事）の活躍により発展を遂げた住友家の当主住友吉左衛門友純は、事業だけでなく文化・社会活動の面でも、住友グループの社会的地位の向上に力を尽くした。彼は、五代友厚や藤田伝三郎ら新興の経済界のリーダーの活動に支援・協力を惜しまなかったが、そればかりでなく住友家として独自のさまざまな社会貢献を行った。

一九〇〇（明治三三）年には、大阪府に図書館建築費・図書購入資金を寄付し、住友本社に臨時建築部を設けてその建設にも尽力し、一九〇四年中之島に大阪図書館が開館した。さらに、一九二二（大正一一）年の増築にも寄与し、今日の大阪府立中之島図書館の礎を築いた。また、一九二一（大正一〇）年には大阪市に美術館用地を提供し、美術品の寄贈と合わせて天王寺の大阪市立美術館開設に貢献している。

図3－3　大阪府立中之島図書館
出典：筆者撮影。

こうした住友グループの伝統は、戦後にも受け継がれ、一九七五（昭和五〇）年、旧安宅産業の東洋陶磁コレクションを住友グループが大阪市へ一括寄贈することにより、大阪市立「東洋陶磁美術館」が誕生したことにもつながっている。

文化活動ばかりでなく、教育・福祉面でも貴重な足跡を残している。一九一一（明治四四）年、住友は恩賜財団済世会より一〇〇万円の寄付を求められたが、かねてより貧民救済事業を考えていたため、三〇万円の寄付にとどめた。そして、独

図3-4　大阪市立美術館
出典：『大阪商業大学商業史博物館紀要』16号，2015年より。

自の事業として「大阪市及びその付近における家計困難なる者の子弟に、職工として必須なる知識及び技能を授け、かつその品性を陶冶しもって著実善良なる職工を養成する」ための学校「住友私立職工養成所」を一九一六（大正五）年に財団法人として設立した。出捐者住友の名を冠しているが、ひろく一般の困窮家庭の子弟を対象とした私立の「職工養成」学校であった(6)。

学問振興の分野では、江戸時代に長く大阪の学問所としてその名を馳せた「懐徳堂」再興の機運が高まり、大阪府立図書館長今井貫一、朝日新聞記者西村時彦（天囚）らの尽力により一九一一年、「懐徳堂記念会」が発足し、江戸時代の創立時以来ゆかりのある住友家の当主として会頭に推され就任した。一九一四年に財団法人となり、一九一六（大正五）年には、講堂が完成し、第二次世界大戦時まで継続して、市民のための活発な講義・講演活動を続けた。

一九一一年一〇月の開校記念祭典に際し、西村天囚は大阪朝日新聞紙上に、自らの思いを込めて次のように書いている。

「都市の品位は富力のみに非ずして文化の度に在り、今日の大阪が繁昌隆盛を以て三都の一たる名誉を全くする者、実に算盤の力のみに非ずして、この学校の教沢に得る所多きに居れり、然れば今日の大阪紳士が、其の恩を思ひ其の徳を慕ひて、此の祭典を執行するは報本反始の義にも叶ひ、民の徳をして厚に帰せしむる社会政策としても、其の宜しきを得たる者と謂ふべく……」(7)

そして、一九一六（大正五）年には、東区豊後町に重建懐徳堂(8)を建立し、多くの市民の期待に応えて学塾の活動が再開された。その運営は、江戸期の懐徳堂に鑑み、

①大阪府有地を無償で借用し、寄付金を募集して維持する。
②定日に経学を講義する教授を招聘する。
③学術の門戸を広くあけて、大阪の欠陥である文科大学たらしめる。
④懐徳堂は大阪の公有物。懐徳堂という書斎を共有していると理解してこれを維持する。

表3−1　講義・講演聴講者および素読生延人員数

科　目	期　　間	出席聴講者延人数
定日講義	大正6年1月〜15年6月	27,177人
日曜朝義	大正8年9月〜15年7月	6,005
文科講義	大正12年4月〜15年6月	1,616
定期講義	大正5年11月〜15年6月	22,494
通俗講義	大正8年6月〜15年6月	5,672
素　読	大正6年4月〜15年6月	492
合　計		63,456

出典：『懐徳堂要覧』大正15年より。

を基本として、講義、講演、講習会、出版活動等が間断なく行われた。

聴講者は、大正六〜一五年の一〇年間で、延べ六万三〇〇〇人を超え、職業別に見て、多様な階層の人々が参加していたことがうかがわれる。

なお表3−1の素読科とは一二〜一八歳の青少年を対象としたコースであり、図3−5に示されている六パーセントを占める婦人とともに、幅広い市民が参加していたことが分かる。少年時代素読科に通った作家の石浜恒夫は、「大阪の商人いうたらがめつい奴ばっかりで金もうけばかりやっているようにきめつけられておりますけれど、私の知っていた懐徳堂と泊園書院(9)というふたつの漢学塾の雰囲気からして決してそんなことはない」旨のことを述懐している(10)。

一九四五（昭和二〇）年三月、懐徳堂は戦災をこうむり、講堂・事務所が焼失。しかし、この不幸にもめげず、七月には、辛うじて残った書庫内の研究室で綿々と一部の講義が続けられたという。

戦後、一九四六（昭和二一）年に大阪大学に法文学部が設置され、翌四七（二四）年には文学部が独立。これを機に、懐徳堂蔵書三万六〇〇〇冊を大阪大学に寄贈し、「懐徳堂文庫」として後世に伝えることとなった。その後、同記念会と大阪大学文学部は共同で事業を進めることになった。一九七〇（昭和四五）年、記念会理事長に就任した住友銀行会長堀田庄三は、基本財産の充実に努めたが、基本財産の利子だけでは運営は困難になってきていた。そこで一九八二（昭和五七）年、新たな発展のために、後援会とも言うべき「懐徳堂友の会」設立を提案した。戦前より、聴講生の発意によって組織されていた懐徳堂友会が堂友相互の親睦会として存在していたが、これを発展的に解消し、「友の会」が発足、懐徳堂記念会の活動を支えていくことになった(11)。

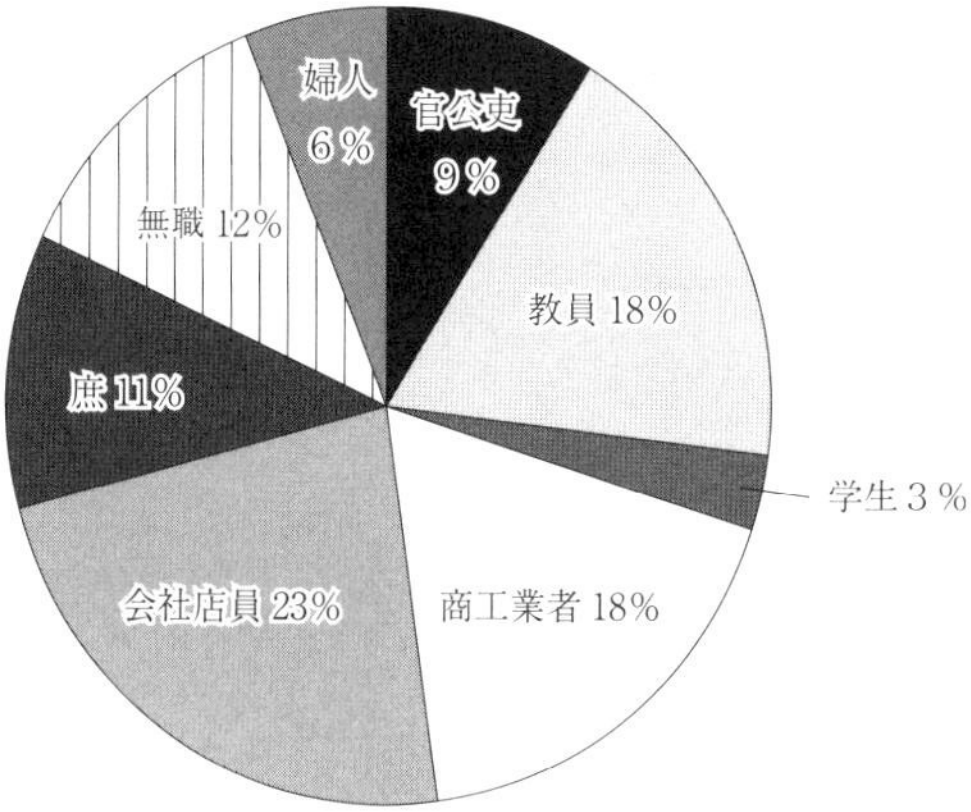

図 3-5　定日講義聴講生の職業別構成（大正 6 年）
出典：『懐徳堂要覧』大正15年より作成。

懐徳堂記念の事業について、その後の経緯にまで触れたが、以上のように、住友吉左衛門友純は住友家当主として、明治・大正期の関西経済界のリーダーとして重きをなしたばかりでなく、教育・文化・福祉などの社会活動においても、有志の企業家たちと協力して多大の貢献を果たしたのである。

彼は、京都の由緒ある貴族徳大寺家の出身で、西園寺公望の実弟でもあり、貴族の子弟としての素養を身につけ、欧米へも外遊し見聞を広めた。とくに、アメリカのシカゴではマーシャル・フィールドという富豪が、美術館に多額の寄付をしていることを知り、「ノブレス・オブリージュ」的な富者の社会的責務の考え方に共感を覚えている(12)。

住友家に入って、公的図書館や美術館に積極的な寄付・支援を惜しまなかったのは、欧米での体験が影響しているだろう。また、住友家の家風・事業精神が「自利他利公私一如」という言葉にも表現されているように、伝統的に社会の公益を志向していたことも、近代化の初期に住友グループが文化・社会活動に重要な役割を果たした要因となっている。

2 近代企業家の医療・福祉分野での社会貢献

欧米の影響による経済・産業の近代化は、多くのビジネスチャンスを生み出し、従来型の商家・商店の革新に加えて、新興の企業の勃興を促した。江戸時代以来の商都大阪には、全国各地から多数のベンチャー的起業家が集まり、西洋型の会社・企業を続々と誕生させた。商法制定後の明治三〇年代以降は、その流れが一層加速した。しかしながら、近代資本主義の草創期であり、会社といっても、創業者個人の力が事業の成否を左右することが多かった。

ビジネスチャンスを捉え、事業を軌道に乗せることに成功した企業家の多くは、商才・経営能力に恵まれるだけでなく、顧客や取引先、社会との信頼関係を重視し、また、築き上げた富を社会に還元することにも熱心な人たちが多かった。

その分野は、①貧困・病気・災害被災者などの困窮者への救済、②都市や地域の公共的インフラ整備、③教育・文化・芸術への支援、④寺社への寄進等で、近代以前の商人たちの公益活動に通じる分野が多い。中でも①の生活困窮者に対する救済活動は、近代になっても緊急かつ重要な社会的課題であった。

医療・貧窮者救済活動

福祉分野での企業家の先駆的活動として挙げられるのは、大阪毎日新聞社社長の本山彦一により一九一一（明治四四）年に発足した「大阪毎日新聞慈善団」である。これは、財団・社団等の公益法人制度を定めた民法が施行された一八九八（明治三一）年以後、企業が設立した財団法人としては、全国的にも最も早いものの一つであった。活動内容も、医師を車や船に乗せて、貧困者のための巡回診療を行うというユニークなものであった。

本山彦一は、事業の面でも大阪毎日新聞を大阪朝日新聞に並ぶ大新聞に育て上げた功労者であるが、一方で「慈善病患者」といわれるほど個人的にも、孤児院や養老院に寄付をしていた。幼くして父を失い、苦労して育ててくれた母の姿が、慈善事業に取り組む素地になったと言われている。彼は、「一本の指のうずきは、同時に、全身の苦痛である。社会の一隅に、生活に疲れ、病に苦しむ者の存することは、すなわち社会全体の悩みでなければならない。」と述べ、社会連帯と相互扶助の精神を主張した。

サントリー創業者の鳥井信治郎は、創業以来慈善的寄付を続けていたが、一九二一（大正一〇）年財団法人「邦寿会」をつくり、生活困窮者のための医療施設や保育園・老人ホームを開設した。日本生命の弘世助太郎は、一九二四（大正一三）年、財団法人「日本生命済生会」を設立し、診療所・病院開設により、貧困者のための医療活動を本格的に推進した。

以上の三者に共通するのは、いずれも企業本来のビジネス活動とは別に財団法人という民法上の公益法人組織を設立し、貧困者のための医療等の救済活動を組織的かつ継続的に行った点である(13)。

藤田伝三郎や住友吉左衛門のところでも触れたが、当時の企業家・資産家には貧困者医療・救済活動に尽くす篤志家が多く、前述の大阪府病院をはじめ、一八八八（明治二一）年に開設された大阪慈恵病院や、一九二五（大正一四）年開設の大阪市立市民病院、恩賜財団済生会大阪府病院など、主に低所得層・貧困層を対象とする医療機関に多くの寄付が寄せられた。たとえば、大阪市立市民病院開設に際して、鉄鋼商岸本吉右衛門は一〇〇万円の寄付を行っている。綿布商田附商店を起こした近江出身の田附政次郎は、一九二五（大正一四）年医学研究発展のために財団法人「田附興風会」を設立し、一九二八年に研究用病院として大阪に北野病院を開設した。またメリヤス事業で成功した嘉門長蔵が、恩賜財団済生会中津病院の建築にあたって、一〇〇万円の寄付を行い、一九三五年に病院が落成したことなどがよく知られている。

関西の寄付王――山口玄洞

地方から大阪へ出て創業し、事業成功で蓄積した富の多くを貧しい人のための医療に拠出したベンチャー企業家の中に、「関西の寄付王」と呼ばれた山口玄洞（一八六三～一九三七年）がいる。広島県尾道出身の山口玄洞は、一五歳のときに父を亡くし、大阪へ出て洋反物店での丁稚奉公を経て、一八八二（明治一五）年、洋反物商山口商店を開業した。以後の洋織物景気に加え、堅実な商売により着実に業績を伸ばしていった。

「玄洞はしばしば親の恩、人々のおかげ、国の恩を説いた。自分の成功はおのれの努力もさることながら、いかに社会の恩恵によるところが大きいかを折にふれて感じていた」[14]。社会への謝恩の念から、彼は早くから公共のための寄付を積極的に行った。

初期には、故郷尾道の女子高等小学校はじめ学校・教育関係の寄付が多かったが、福祉面でも病院への寄付や地震・火災などの災害時の義捐金を進んで拠出している。中でも、一九一八（大正七）年、財団法人山口厚生病院設立のために一〇〇万円を拠出し、内二八万五〇〇〇円を創業資金に、七一万五〇〇〇円を維持資金として、一九二二年に低所得者のための病院を開院した。病院の管理・運営は大阪医科大学に委託したが、玄洞は、低所得の不幸な患者が病院に入りやすくするために玄関の造り方にも気を配り、入り口が道路よりも高くならないよう指図したと言われる(15)。

玄洞は、晩年念仏と禅の信仰に没頭し、寺院に多くの堂塔を寄進したり、仏教会館を建て宗教的活動に力を尽くした。彼にとっては、宗教的奉仕も、社会への謝恩活動の一環であったのだろう。幼少時より、仁医であった父の言動に影響を受け、神仏を敬う信仰心、困った人を助ける慈善心、さらに漢学塾で学んで儒教的道徳を身につけていたことが、後年財を成した後も、築き上げた財産の多くを公共的事業や慈善事業に寄付することを惜しまなかったバックボーンとなっていたものと考えられる。

3　学問・教育分野への支援活動

大学・高等教育への支援

すでに述べたとおり、現在の大阪市立大学のもとになった大阪商業講習所は、五代友厚が主唱し、住友・鴻池らの豪商と藤田伝三郎をはじめとする新興の企業家たちの協力により発足したものであった。

国立の大阪大学の成立・発展にも多くの企業家が寄与した。先に述べた民間有志の醵金により開設された大阪府病院は、医学部の前身大阪医科大学の源流となるものである。さらに一九一九（大正八）年の医科大学の大学昇格に際しても一六〇余名の企業家から、一〇〇万円の寄付を集めている。寄付者には、住友吉左衛門、藤田平太郎（藤田組）、久原房之助、堀啓次郎（大阪商船）、鴻池善右衛門、岸本吉右衛門らが名を連ねている[16]。

病院だけでなく、大阪大学を構成する重要な研究機関・施設も、以下に述べるように、もともと企業家の寄付により設置されたものが多い。

竹尾治右衛門と竹尾結核研究所

一九一五（大正四）年設立された竹尾結核研究所は、竹尾商店一〇代竹尾治右衛門の遺志を受けて創業資金一〇万円、維持資金四〇万円計五〇万円をもって、財団法人として発足した。管理・運営は府立医科大学に委託されたが、固有の疾病名を冠した研究機関は欧米の大学でも先例のないものであった。一九三一年、府立医科大学が大阪帝国大学医学部となり、同研究所は財団を解散して同医学部に吸収された。創設者の竹尾治右衛門は、代々続く呉服商竹尾商店の当主で、摂津紡績の社長なども務め、各界のリーダーとも交流があった[17]。

塩見政次と塩見理化学研究所

一九一六（大正五）年、大阪亜鉛鉱業の創業者塩見政次は瀕死の病床にあって、大阪医科大学長佐多愛彦を呼び、かねて念願していた理化学研究所設立の意図を告げ、私財の半分の一〇〇万円を寄付することと、研究所の実現を佐多に託した。佐多は当時の大阪経済界の重鎮小山健三（三十四銀行）、村山龍平（朝日新聞社）、本山彦一（大阪毎日新聞社）、中橋徳五郎（大阪商船）とはかり、財団法人を組織し、塩見理化学研究所を設立した。国家的事業として進められた東京の理化学研究所の創設（一九一七年）よりも早いものであった。

塩見は財団法人認可直後に死去したため、研究所の完成を目にすることはなかった。初代所長を佐多愛彦として、理学・化学の研究・教育活動を進め、一九二五年には建物も完成した。一九三一（昭和六）年、大阪医科大学が医学部と理学部からなる大阪帝国大学に移行する際には、塩見理化学研究所が理学部の設立母体となったのである。理化学の研究・教育拠点をつくるという塩見の生前の夢が実現したと言えるだろう。

塩見政次は、一八七八（明治一一）年岡山県の医家に生まれ、大阪医学校に学び医業を志したが、傍ら新薬開発や化学の研究に力を入れ、亜鉛精錬業を興し、成功を収め、多額の財を成した。「子弟のために財を遺さず、財をもって祖先の余沢に依頼するを最も戒む」を信念としていた塩見は、アメリカのロックフェラー財団のような研究所設立を構想して、科学の発展を通じて広く

世界に貢献することを理想としていたのである。(18)

山口玄洞と山口厚生病院・微生物病研究所

前述のとおり、山口玄洞が設立した財団法人山口厚生病院の管理・運営は大阪医科大学に委託され、一九三五（昭和一〇）年には財団法人を解散し、大阪帝国大学医学部に移管された。また、一九三四（昭和九）年には微生物病研究所を寄付し、山口玄洞は大阪大学医学部の発展にも多大の貢献を行っている。

産業科学研究所の設立

一九三七（昭和一二）年、大阪の経済界有志は産業に必要な自然科学研究機関創設を提唱し、翌年財団法人「産業科学研究協会」を設立した。初代理事長には小倉正恒（住友本社総理事）、理事には楠本長三郎大阪大学総長のほか、伊藤忠兵衛（伊藤忠商事）、高碕達之助（東洋製缶）、栗本勇之助（栗本鉄工所）、中山太一（中山太陽堂）らの企業家が名を連ねた。大戦直前期にもかかわらず、四〇〇〇万円にのぼる資金と土地を確保し、一九三九年に大阪大学産業科学研究所として研究活動をスタートした。戦後は先端的な理工学研究所として大きな発展を遂げ、それを支える財団法人「産業科学研究協会」の活動も継承されて今日にいたっている。(19)

創設時に尽力した企業家として、住友家とともに伊藤忠兵衛の存在が大きいものであった。伊藤忠商事は、近江商人の伝統を受け継ぐ近代企業であり、「商売は菩薩の業」といった仏教的慈善観や、「売り手よし、買い手よし、世間よし」の「三方よし」の精神を「DNA」としてもち、社会貢献にも熱心であった。

林蝶子と大阪外国語学校

「船成金」とも称された海運業林竹三郎の妻林蝶子は、夫の死後その遺志を継ぎ、府民のための学校づくりに邁進した。かつて大阪商船社長をしていた中橋徳五郎が時の文部大臣であったため、旧知の間柄であった彼に具体案を相談する。中橋は国際人養成のための外国語学校を提案し、蝶子は文部省に一〇〇万円の寄付を決断、この資金をもとに国立の外国語学校が設立され、一九二二（大正一一）年に開校した。[20]

この学校は、戦後一九四九（昭和二四）年に大阪外国語大学となり、二〇〇七（平成一九）年に大阪大学と統合し、外国語学部となった。

道修町と大阪薬学校

また、戦後に誕生した大阪大学薬学部は、その淵源をたどれば道修町の薬種商人たちが、一八八六（明治一九）年に始めた薬学の講習会や薬舗学校までさかのぼる。その後専門学校等幾多の変遷を経ながらも、薬商たちが支え続け、戦後の大阪大学薬学部の前身となっていったのである。[21]

以上のように、大阪大学は国立大学とはいえ、創立以来多くの企業家・経済人をはじめとする民間の人々の学問・教育への熱い志によって支えられ、発展してきたのである。

一方、私学の設立・運営支援に関しては、国・公立の場合よりも、企業家個人の関与・貢献はより直接的であった。以下に、いくつかの例を挙げる。

平生釟三郎と甲南学園

明治末期、東京海上役員在職中に神戸郊外の住吉村に移住した実業家たちから、私立の小学校設立への協力を求められた平生《ひらお》釟三郎《はちさぶろう》（一八六六〜一九四五年）は、神戸商業学校長の経験もあり、知育偏重を疑問視する、彼独自の教育への信念も持っていたので、喜んで引き受けた。ところが間もなくこの甲南小学校は財政難に陥り、存続の危機に直面した。この危機を彼が中心となって乗り切り、一九一五（大正四）年には入学希望者も増え、経営基盤が固まった。

さらに一九一九年には、伊藤忠兵衛や安宅弥吉らの協力を得て、甲南中学校を開校し、一九二三年には七年制の甲南高校へと発展させた。「人格の修養と健康の増進を重んじ、個性を尊重して各人の天賦の才能を伸長させる」という平生の理想とした教育理念は、自由で活気のある校風を生み、戦後の甲南大学の誕生へと受け継がれていく。

平生釟三郎は、一九二五（大正一四）年に東京海上専務取締役を五八歳で退任したあと、一層社会奉仕活動に情熱を傾けるようになる。恵まれない若者へ学資を援助する育英事業は、早くから「拾芳会」という私塾の形で、自宅に塾生を住まわせる心のこもった方法を続けていた。

甲南学園理事長の傍ら取り組んだのは、患者の身になった病院をつくることで、一九三一（昭和六）年、低所得者に配慮した甲南病院を設立した。他にも、経営不振に陥った川崎造船の社長を引き受け再建に尽力したり、灘購買組合（現・コープこうべ）の設立に関与したり、さらには日本とブラジルとの交流に取り組み、ブラジルへの移民を推進したりと、平生の社会活動は多岐にわたって、八面六臂の活躍をしている(22)。

甲南大学学長を務めた高坂薫は、「平生にはぶれないプリンシプルがあり、筋を通しているのがわかります。何かを起す、立て直す時に、それがまさに『世のため人のため』であるということ、己のためは二の次であることです。」「それは保険会社からの相互扶助の精神であり、企業リーダーたるもののノブレス・オブリージュであり、教育経験からのヒューマニズムであり、あるいは平生の武士道精神からの志と義であります」と述べている(23)。貧しい武士の家に生まれ、官費奨学生として苦学ののち高等商業学校を卒業した平生は、生涯奨学金の恩を忘れなかったという。

阪神間には、甲南学園以外にも多くの私立の学校が企業家の手でつくられた。酒造家大江市松は、二宮尊徳の報徳思想の影響を受け、「以徳報徳」を指針として、一九一一（明治四四）年、御影町に報徳実業学校を設立した。一九一九年には、尊徳の孫二宮尊親を校長に招いている。戦後この学校は、報徳学園高等学校・中学校となり今日にいたっている。

一九一七（大正六）年、教育者伊賀駒吉郎が開設した私立の甲陽中学校は、創立当初資金難で困難に直面していたが、灘の酒造家辰馬酒造一三代辰馬吉左衛門の支援により、学校運営が軌道に乗ったものである。辰馬吉左衛門は、甲陽中学の継続的支援のために一〇〇万円を拠出して財団法人辰馬学院を設立した。

また一九二八（昭和三）年に開校した灘中学校は、嘉納治右衛門（菊正宗酒造）、嘉納治兵衛（白鶴酒造）、山邑太左衛門（桜正宗）らの酒造家が中心となって設立した灘育英会の運営によるもので、当初は嘉納家の一族であった教育者・柔道家の嘉納治五郎の協力を得ていた。いずれも戦後は中高一貫の私立学校として特色ある教育を展開している。

なお灘の酒造家たちは、私立学校の設立・運営という教育面ばかりでなく、単独であるいは連携して、病院開設や公会堂・美術館等の文化施設の設立など、多方面にわたって地域社会のために貢献している。

大阪の私立学校

大阪では、住友家が貧困者子弟のために私立職工養成所を開設したことはすでに述べたが、他にも教育・学校の整備・充実を重視する企業家・経営者は少なくなかった。

木材商の見習いから独立開業し、木材業だけでなく木材を運搬する森平汽船も創立した森平蔵（一八七五～一九六〇年）は、当時不足していた女子の中等教育の必要性を感じ、甲陽中学を開設していた伊賀駒吉郎に相談した。森は、府下布施村（現・東大阪市）に用地を確保し、建築・設備費用も全額拠出して一九一八（大正七）年に、樟蔭高等女学校を開校した。初代校長には伊賀駒吉郎が就任した。戦後も森平蔵は、理事長として学園の運営に携わり、幼稚園・中学校・高校・大学からなる樟蔭学園を築き上げた。死後、彼の遺志により学園近くの自宅は「樟徳館」として、学園に寄贈された。

樟蔭学園とほぼ同時期に発足した帝塚山学院は、私立桃山中学校の教員有志と不動産業山田市郎兵衛、田附商店の田附政次郎、久保田鉄工所の久保田権四郎、鉄鋼商山本藤助らの協力により、一九一六（大正五）年に財団法人を設立し、府下東成郡住吉村に小学校・幼稚園、後の一九二六年に高等女学校を開校した。一九四一（昭和一六）年には、大阪電気軌道（現・近畿日本鉄道）と連携・協力して、帝塚山学園を設立し、現在の奈良学園前に中学校を開校した。

これが戦後、帝塚山大学から幼稚園までの総合学園に発展した。一方、大阪の学院のほうも、戦後は幼稚園・小学校と女子の中高一貫校となり、男子校は大阪府堺市に泉ヶ丘中学高等学校を新設した。さらに、堺市と大阪狭山市に大学を開設し、総合学園としての形を整えている。

関西大学の前身である関西法律学校は一八八六（明治一九）年に発足し、一九〇五年以来「私立関西大学」と称していたが、専門学校令に基づく専門学校であったため、新大学令による大学への昇格をめざしていた。そのために依頼を受けたのが日本電力、大阪商船、大阪鉄工所などの企業でトップの要職を務め、大阪商議所会頭でもあった山岡順太郎（一八六六～一九二八年）であった。

彼は、教育の重要性を痛感していたので、この依頼を進んで引き受け、募金活動の先頭に立って奔走し、千里山に新学舎を竣工させた。一九二二（大正一一）年に関西大学の設立が認可され、山岡は総理事と学長に就任した。彼は、学問と実際との調和をめざす「学の実化」を強調し、そのための公開講座や語学講習会・留学生の派遣・体育の奨励にも力を注いだ。関西大学「中興の祖」とも言われる所以である。

山岡順太郎は、幕末の加賀金沢に生まれ、同郷の先輩中橋徳五郎を頼って逓信省に入省し、中橋が退職し大阪商船に移ると、彼も同社に入社し、中橋社長を支えた。また不振の大阪鉄工所の経営再建にも成功し、その手腕が広く認められて一九一七年から二一年まで大阪商業会議所の会頭を務めた(24)。

このほか、経済団体として教育振興に取り組んだ例として大阪工業会による実業教育がある。一九一六（大正五）年、大阪工業会は大阪高等工業学校の校舎を利用して、大阪工業夜学校を開設した。

「この大阪工業夜学校は、一九一八年大阪工業専修学校と改称され、職工徒弟のための工業補習教育のみならず、近代的工業技術の教育機関として隆盛をみた。当校の設立には、新田長次郎（新田帯革製造所）・谷口房蔵（大阪合同紡績）・山岡順太郎（大阪鉄工所）・岩井勝次郎（岩井商店）など当時の一流の経済人が資金援助を行ったが、これらの経済人はいずれも個人としても教育に貢献するところが大きかった」[25]。ちなみに、山岡順太郎の関西大学への貢献はすでに述べたが、新田長次郎は、大阪難波において私立有隣尋常小学校の費用を負担するほか、郷里の松山市の松山商科大学（一九二三年開設）の創立資金および費用を拠出している。

以上、主に中等教育以上の私立学校の設立・運営を通じて教育の振興に力を尽くした近代企業家の例を見てきた。明治維新以降の急速な文明開化の中で、西洋にならった学校教育制度が政府主導で進められたが、国・公立の学校だけでは国民にとって、決して十分とは言えなかった。江戸時代に、武士のための藩校だけでなく、多くの優れた私塾・寺子屋が日本人全体の教育水準を高めたように、近代においても企業家をはじめとする民間有志の力による私立の学校が果たした役割は大きくかつ重要である。

全国的には、福沢諭吉の慶應義塾や新島襄の同志社をはじめとして、現在の私学の先駆けとなった各種の私立学校が、知育に偏らない自主・自立・自由の気風を培う教育や政府が軽視した女子の高等教育・幼年時教育などの面で、民間有志の教育への高い志と献身的努力を集積し、今日の多様で豊かな教育の礎を築いたのである。

奨学金による支援

学校教育にとって、学校という器づくりが重要なことは言うまでもないが、学生への奨学金、研究者への助成金といった形での金銭的支援も、勉学・研究の機会を広げる重要な役割を担っている。

修学に経済的困難を抱える学生への奨学金については、後の育英会などの公的制度が未発達な時代においては、篤志家による援助が貴重なものであった。私的な奨学金の場合は、郷土の人材育成であったり、貧困家庭への慈善的救済であったり、自ら受けた恩への報恩感謝であったりと動機はさまざまだが、それぞれに提供者の思いのこもった支援となる。

近代化の中で事業に成功した企業家・商人にそういう奨学金を出す人が多かった。東京海上の平生釟三郎の奨学金についてはすでに述べたが、大阪工業会の夜学校設立に寄与したメンバーの一人、岩井商店の岩井勝次郎（一八六二～一九三五年）もそうした人物の代表である。

彼は「根元を枯らすと枝葉は栄えない」という信念のもと、故郷の京都府旭村（現・亀岡市）への思いをもち続け、小学校の校舎建築費をたびたび寄付し、また慈善財団を設立して、生活困窮者への学資の給付や旭村の生活・文化の振興に力を尽くした。さらに、時の京都帝大総長から「学力は優秀だが、学資に困る者がいる」と聞き、将来有望な学生のために奨学資金の提供を決断した。一九一六（大正五）年から実行し、多くの人材が恩恵を受けた。勝次郎の死後も親族により、財団法人「岩井奨学資金」が一九四〇（昭和一五）年に設立され、活動を継続した。(26)

大原社会問題研究所や大原美術館、慈善事業への支援など多岐にわたる社会・文化活動で著名な倉敷紡績の大原孫三郎は、一九〇二（明治三五）年に私立倉敷商業補習学校を創立するとともに、財団法人大原奨学会を設立して教育事業にも力を尽くしている。当初は孫三郎自身が志願者に面接して、学資の援助を決定した。大原美術館創設のきっかけをつくった画家児島虎次郎は、初期の奨学生であった。(27)

彼はまた、一九〇二年から一九二五年までの長期間にわたって、一般市民を対象に各界一流の知識人を招いて倉敷日曜講演会を自己の負担で開催し、当時としては珍しい社会教育事業を行い、地域社会の知的水準の向上に貢献した。

大原孫三郎の公益思想の背景には、二宮尊徳の報徳思想と石井十次の影響によるキリスト教の教えが融合した富者の生き方への指針があった。(28)

大阪野村銀行（現・りそな銀行・野村證券）の創業者・野村徳七は、大阪市立大学経済研究所への寄付を行ったが、それ以前の一九二〇（大正九）年から、同行の事業として五〇万円の基金を拠出し、財団法人「野村奨学部基金」を設け、広く社会の人材育成に貢献していた。奨学金は、貸与ではなく全額給与であり、受給者の将来を拘束しないなどの配慮をしていた。

野村千佳子によれば、野村徳七は大阪の両替商の父から、信義・堅実・独立心・家族主義などの伝統的商人道徳を学び、武家出身の母からは、浄土真宗の信仰心と信義を重んじる武士道的精神を教えられ、「士魂商才」を貫いたという。(29)

武田長兵衛商店（現・武田薬品）の五代武田長兵衛和敬は、一九二三（大正一二）年から身近な学生への育英奨学事業を始め、一九四一年からは京都帝国大学羽田総長らの協力を得て、「尚志社」という名で活動対象を広げ、今日では公益財団法人となっている。彼はまた、一九二三年関東大震災により東京で貴重な典籍が灰燼に帰したことに心を痛め、医薬関連の和漢の貴重書を購入・収集して、後に「杏雨書屋《きょううしょおく》」と呼ばれる文庫を設け、保存と活用に努めた。(30)今日では、武田科学振興財団に引き継がれ、図書資料館として研究者の利用に供されている。

助成財団による研究助成活動

日本の財団史を早くから研究した山岡義典によれば、学問・研究・教育活動を支援する近代的組織をつくり、近代日本における助成型民間公益活動の草分けとなったのは、ノリタケ・グループの創始者森村市左衛門（一八三九～一九一九年）ではないかと指摘している。(31)

森村市左衛門は、先見的・開明的な時代感覚によって早くからニューヨークに支店をもって貿易を行い、紡績・陶器・碍子などの事業を展開し、成功を収める傍ら、福沢諭吉に私淑し、社会事業にも熱心であった。福沢の依頼による北里柴三郎の研究所への寄付や成瀬仁蔵の日本女子大学校（現・日本女子大）の創設・運営にあたっても、渋沢栄一らとともに、多大の貢献を行っている。

彼は、慈善・公益事業を目的として一九〇一（明治三四）年に、任意団体「森村豊明会」をつくり、一九一四年には一〇万円を出捐して、慈善・教育・研究活動等の公益事業に対して助成を行う財団法人に発展させ、前述のように研究機関・大学等への支援活動を行っている。

ちょうど、一九一三年には、アメリカでロックフェラー財団が設立された頃であり、カーネギーをはじめとするアメリカの富豪のフィランソロピー活動に示唆・共感を覚えたものと思われる。

また、森村は両親の影響もあり、少年時より仏教的信仰心の篤い人であったが、キリスト教にも触れ、晩年入信している。「自己を犠牲としても、国家将来のため、社会人類のために働くという覚悟を凛乎として遺す」というのが、生涯を貫く彼の宗教心であった。(32)

森村豊明会の後、一九一八（大正七）年に、薩摩出身の実業家赤星弥之助の子、赤星鉄馬が父の遺志を継いで、学術研究を助成する財団法人「啓明会」を設立している。一九二三（大正一二）年には、宮城県の実業家齋藤善右衛門が私財三〇〇万円を投じて、仙台に財団法人「齋藤報恩会」を設立、以後東北帝大の研究活動に大きな援助を与えている。一例を挙げれば、八木秀次教授を中心とした研究への多額の助成により、極超短波用のアンテナ、いわゆる八木アンテナが開発された。東北帝大は大阪帝大同様、地元をはじめとする多くの民間有志・企業家の支援に支えられて発展してきた。KS磁石鋼を開発した本田光太郎教授の研究は、大阪の住友家の数年間にわたる援助に支えられたものであった。KS鋼の名称は、住友吉左衛門のイニシャルにちなんだものである。

齋藤善右衛門は、「齋藤報恩会」設立以前から、長年にわたって地域の教育・学術研究活動に寄付を行い、貢献した。彼は報恩会の創立評議会において、「人間は、神か仏かとにかく偉大な力を持つものによって世界文化向上のために働かされているのである。その働きによって得たものは天物であり、それは私すべきものではなく、人類の幸福に提供すべきものである」という趣旨を述べている(33)。

関西において、研究助成に大きな足跡を残した人物に、紡績業で財を成した谷口房蔵（一八六一～一九二九年）がいる。彼は、泉州吉見の里（現・大阪府泉南郡田尻町）で生まれ、繊維産業の盛んな泉州で、伝統的木綿商から近代紡績業へと身を転じ、明治紡績を皮切りに経営手腕を発揮して事業拡大をはかり、一九〇〇（明治三三）年には大阪合同紡績（後の東洋紡）の専務に、一九一六年には社長に就任した。

彼の遺言により社会公共のために拠出された私財一〇〇万円をもとに、一九二九（昭和四）年、財団法人谷口工業奨励会が設立された。発足以来、財団運営の核となったのは、房蔵の子で大阪合同紡績の取締役になっていた、谷口豊三郎である。同財団は、科学研究への助成を目的としたが、とりわけ新設されたばかりの大阪帝国大学の理学部に対し、サイクロトロンの設備費をはじめ多額の研究費を援助した。ノーベル賞を受賞した湯川秀樹も、その助成を受けた一人である。

同財団は戦後の一九七六年、創立四五周年を機に谷口豊三郎が私財をもって基金を積み増し、「谷口工業奨励会四五周年記念財団」と名称も変え、助成対象分野も広げ、国際シンポジウムの開催などにより研究の国際交流にも貢献した(34)。なお同財団は、改組時に活動期間を限定していたため、設立後七〇年を経た二〇〇〇年三月に所期の任務を終え、解散した。

谷口工業奨励会発足の五年後の一九三四（昭和九）年、江崎グリコの江崎利一は私財により財団法人「母子健康協会」を設立した。母子の健康という分野を絞った助成活動が特色で、当初はテーマに即した映画会や講演会の開催、書籍の発行、健康優良児の顕彰などの啓蒙・普及活動を実施していた。同財団は小規模ながらも、貴重な助成活動を戦後も継承し、公益財団法人として小児医学への研究助成活動を続けている。

江崎利一は、裸一貫からグリコーゲン入りの栄養菓子を開発し、「おいしさと健康」をモットーにビジネスを成功させた。「事業に成功したら社会に奉仕しろ」という父の遺言と、「商売というものは自分のためにあるとともに、世の中のためにあるものだ」と説いた、近隣の恩師楢原佐代吉の教えを、生涯大切にしたという(35)。

4　近代企業家の志を育んだもの

時に政府とも相携えて維新期の経済・産業の近代化を牽引したリーダーから、徒手空拳の身から事業を起こし奮闘努力を重ねて成功したベンチャー企業家まで、転換期の時代が生んださまざまなタイプの企業家・経営者の社会貢献活動の事例を見てきた。

彼らは、ビジネスに成功し財を成す一方で、もてる富と力を惜しみなく注いで、慈善・福祉事業や学問・教育の振興に貢献した。その動機や目的はそれぞれに異なり、一様ではない。出自も、貴族・武家の家に生まれた者から、農家・商人の出身に至るまで多様であり、受けた教育・育った環境も異なる。

しかしながら、近代の揺籃期という同じ時代に直面し、新時代の勃興という同じ時代の空気を吸って生きた彼らの生き方・思想には、共通点も多く見出せる。以下では、本章で取り上げた企業家・経営者たちの社会への貢献活動の志を育んだ土壌の中から、三つの大きな要素を取り上げて、考察したい。

① 「ナショナリズム」という時代精神と「公共・公益」

まず挙げられるのは、維新後の開国・殖産興業・文明開化という近代化の流れの中で、民間の企業家・経営者にも、「国家」という意識やナショナリズムが芽生えたことである。五代友厚や藤田伝三郎や住友吉左衛門といった経済界のリーダーばかりでなく、ベンチャー型の新興企業家たちも、たとえば外国に頼らずに国内産業を興すとか、輸出を盛んにして国家の外貨獲得に資するというように、産業で国を支えるという気概をもつものが少なくなかった。

これは、一面では公共・公益への貢献が、国家への奉仕と同義になるという微妙な問題を有している。この時代、「公」とは国家のことであった。近代国家建設が国を挙げての最大の課題であり、経済・産業を担う人々にとっても、「国のため・国家のため」に尽くすことが第一義となったからである。

しかしながら、企業家・経営者たちが私的営利の追求だけでなく、「公益」を意識し国家・社会へ視野を広げた活動を行ったという点では、企業家の社会貢献にとって大きな誘因となったことは間違いないであろう。

すでにいくつかの例を挙げたが、資本主義の揺籃期において、欧米の事情を紹介しながら「独立自尊」を説いた福沢諭吉や、新時代の企業家のありようを「論語とソロバン」で示した渋沢栄一らが新興の企業家たちに与えた影響ははかりしれない。

とくに、人材育成と学問・研究の発展が、国家・社会にとって喫緊の課題だと考えた企業家・経済人の多くが、本章で取り上げたように、政府の行政を時には補完し、時には先導する形で学校を支え、苦学生を援助し、研究者を助成したのである。

②　欧米思想の影響――ノブレス・オブリージュとフィランソロピー

次に特徴的な傾向としては、欧米の近代文明・文化の影響が挙げられる。

五代友厚、住友吉左衛門、森村市左衛門、弘世助太郎、平生釟三郎、野村徳七など海外渡航の経験をもち、欧米の近代を直接目の当たりにした企業家ばかりでなく、藤田伝三郎、本山彦一、大原孫三郎をはじめ社会貢献に大きな足跡を残した多くの企業家も間接的に欧米の影響を受けている。

彼らは、欧米の先進的な近代産業の技術やシステムを摂取するとともに、市民社会の一員として果たすべき責務やキリスト教的な富者の義務（ノブレス・オブリージュ）あるいは慈善・社会活動（チャリティ、フィランソロピー）にも多くを学んだのである。「富んで死せるは、恥辱の死なり」という言葉を残したカーネギーや、人類の幸福に欠かせない「健康」のために力を尽くしたロックフェラーが設立した財団の活動は格好のお手本となった。

今田忠が指摘するように、森村市左衛門や慈善家で知られたライオン歯磨の小林富次郎、また昭和に入って設立された三井財閥の大型財団「三井報恩会」の初代理事長を務めた米山梅吉など、大正から昭和初期にかけての社会事業家の中に、クリスチャンが多いことも事実である[36]。

③ 近世以来の伝統的倫理・道徳観——報恩・感謝・惻隠の情

最後に挙げておかなければならないのは、神・仏・儒といった近世以来の日本の伝統的思想を背景にした倫理・道徳観に基づく志である。

公家や武家の出のリーダーや企業家が、神仏への信仰心と共に、幼少時から儒学の素養を身に着けていたことはすでに述べたが、農・工・商出身の近代企業家にも、親や私塾での教育により、儒学の素養や神仏への信仰心の篤い人たちが多かった。

伊藤忠兵衛や田附政次郎などを生んだ近江商人の道徳観は、「売り手よし、買い手よし、世間よし」の三方よしの精神で知られるが、その根底には篤い信仰心が根づいている。また、住友・鴻池・広岡家などに代表される大阪商人も、神仏への信仰と共に、懐徳堂や心学塾などの私塾で学問的素養を身につけていた。そしてそれらは、「商売は菩薩の業」という伊藤忠の伝統的精神や、大丸下村家の「先義後利」の信念、「自利他利公私一如」という住友家の事業精神に見られるように、商家の家憲や家訓として代々受け継がれてきた。

旧商家ばかりでなく、維新後に登場した新興の企業家にも、伝統的倫理観を重視し、実践する企業家が少なくなかった。藤田伝三郎、山口玄洞、鳥井信治郎、江崎利一らは、親や身近な人から信仰心や商人道徳の薫陶を受け、生涯の指針としていた。

「陰徳陽報」「積善之家に余慶あり」「惻隠の情」などの儒学的教えから、人智を超えた力＝神・仏の恵みに対する畏敬の念や、自分を育ててくれた親や郷土への報恩の念、お客さま・世間に対する「おかげさまで」という感謝の思いに至るまで、自らの成功は自分だけの力によるものではないという思いが、素朴ではあっても自らを律する強い信念となっていたのである。


以上、維新後から昭和初期までの時代に登場し、ビジネスで成功する傍ら、蓄積した富や力を活かして福祉、学問・教育などの文化・社会活動を志した企業家たちの思想的土壌として、大きく三つの要素を取り上げた。

近代国家建設期の時代精神とも言えるナショナリズムをベースにした、「国のために」という公益・公共心、キリスト教を背景とした欧米の「ノブレス・オブリージュ」「フィランソロピー」の精神、近世以来の商人が育んできた「おかげさまで」「陰徳・積善」などにあらわされる伝統的「報恩感謝」の思い――これらの要素が、個々の企業家の中で混在し・影響しあって、それぞれに思いのこもった社会貢献活動を工夫して展開したのが、近代企業家の文化・社会活動であった。その思想的側面については、時代の制約もあり未成熟な点も多く、必ずしも上記三つの要素が直線的に、戦後の企業へと継承され、発展を遂げたとは言えないにしても、形の上では今日の企業の社会貢献活動の原型となるものであり、その先駆的役割を評価すべきであろう。

今日発展を期待されている企業や市民による民間の公共・公益活動と大きく異なる点は、近代化の時代においては「公共・公益」という概念が最初に挙げたように日本という国・国家のために尽くすことが第一義とされていたことである。このことは、民法において「公益法人制度」が設けられた時に、「公益」活動か否かを決定するのは、主務官庁の判断によるとされたことにも端的に表れている。

近代国家建設時に経済界をリードした渋沢栄一も五代友厚も、幼少時より儒学の素養を身につけ、官吏の経験を踏まえて、実業を通じて国家に奉仕することを使命とし、他の企業家たちにも国益優先を働きかけた点は共通していた。

また、キリスト教を背景としたフィランソロピーの精神や近代西洋の市民社会の一員としての責務（シチズンシップ）という考え方は、欧米社会に触れた一部の企業家や社会事業家に大きな影響を与え、キリスト教に帰依してまでも慈善・社会活動に尽くし、社会的に影響を与えた人たちがいた。しかしながら、西洋の産業・技術の導入ほどには、市民社会の理念もキリスト教の精神も急速には浸透せず、戦後においてもシチズンシップやフィランソロピーが一般に十分定着したとは言えないだろう。

「報恩感謝」に代表される近世以来の商人・商家の伝統的倫理・道徳は、近代化・文明開化の大潮流の中で、新時代の企業経営に適合しない部分も目立ってきた。ただ、江戸時代以来の大阪商人や近江商人ばかりでなく、新興の企業家の多くが、神・仏・儒をベースにした報恩感謝の念を根強くもって、教育・社会福祉活動に勤しんだことは事実であり、伝統的な商人の社会貢献の志が近代企業家にも継承されたものと考えられる。

猪木武徳は、近代日本の公と私の関係について、福沢諭吉の「公と私の相互依存の考え」を元に、「共同善（Common Good）を目指す公共的精神があってはじめて、強い自己が生まれ育つ」と強調している(37)。

また、長妻三佐雄は、三宅雪嶺が私益と公益の一致を説く中で、企業家の社会貢献活動に注目し、その意義を積極的に評価していたことを紹介している(38)。近代の言論界においても、企業家の中に公共精神や公益の志が芽生えつつあることが指摘されていた。

二一世紀における企業の社会貢献を考えるとき、近代の先駆者たちの残した足跡は貴重な示唆に富んでいる。

企業は、社会の一員として「公共・公益」に貢献する志をもつこと。

企業は、もてる経営資源を活かしてCSR（社会的責任）を果たすこと。

企業は、成長の軌跡を振り返り、報恩感謝を実践すること。

つまり、企業も社会の中の人間の集団であり、よき人間の顔と頭と心をもってビジネスを続け、社会の一員として社会に貢献することが、持続的発展の要諦であろう。

注

（1）島田昌和『渋沢栄一』岩波書店、二〇一一年、第5章参照。渋沢が関与した私立商業学校として、大倉商業学校、京華商業学校、高千穂商業学校などが挙げられている。

（2）宮本又次『五代友厚伝』有斐閣、一九八〇年、第Ⅳ部第1章参照。

（3）岩下清周『藤田翁言行録』秀英舎、一九一三年、一一七〜一二三頁、藤田美術館ホームページ参照。

（4）作道洋太郎『関西企業経営史の研究』御茶の水書房、一九九七年、第4章参照。

（5）作道洋太郎『関西企業経営史の研究』御茶の水書房、一九九七年、第2章、作道洋太郎編『近代大阪の企業者活動』思文閣出版、一九九七年、第4章、瀬岡誠『近代住友の経営理念』有斐閣、一九九八年、住友吉左衛門については第6章参照。
（6）『住友春翠』芳泉会、一九七五年、再版、五四八〜五四九頁。
（7）「大阪朝日新聞」明治四四年一〇月五日第一面記事（梅渓昇「懐徳堂・友の会の発足にさいして」『大阪春秋』三七号、一九八三年所収）。
（8）重建懐徳堂は、大阪電燈会社の社長を務めた永田仁助らの尽力により設立された。
（9）泊園書院は、文政八（一八二五）年藤沢東畡によって創設された大阪の私塾で徂徠学を教えていた。
（10）『懐徳』五三号、一九八四年参照。
（11）懐徳堂友の会の会長には日本生命保険の弘世現会長、副会長にはダイキン工業の山田稔社長と大阪大学文学部長が就任。一〇〇社を超える企業と多くの学者、市民が会員となった。
（12）『住友春翠』芳泉会、一九七五年、三七〇頁。
（13）本山彦一、鳥井信治郎、弘世助太郎については、伊木稔「企業の社会貢献に関する一考察」『大阪商業大学論集』一五一・一五二号所収、二〇〇九年、四八六〜四八七頁参照。
（14）宮本又次「山口玄洞のことども公共奉仕」『大阪大学史紀要』二、一九八二年、五〜一一頁参照。
（15）宮本又次「山口玄洞のことども公共奉仕」『大阪大学史紀要』二、一九八二年、五〜一一頁参照。
（16）『大阪大学五〇年史　通史』一九八五年参照。
（17）『大阪大学五〇年史　通史』一九八五年参照。
（18）塩見政次については、芝哲夫「塩見理化学研究所小史」『大阪大学史紀要』三、一九八三年、三一〜四三頁参照。
（19）（財）産業科学研究協会『産業科学研究協会七十年のあゆみ』二〇〇九年参照。

(20) 宮本又次『大阪文化史論』文献出版、一九七九年、三一七〜三三二頁参照。
(21) 三島佑一『薬の大阪　道修町』和泉書院、二〇〇六年、八八〜九八頁参照。
(22) 甲南大学ホームページ二〇一五年参照。
(23) 日本学生支援機構『大学と学生』二〇一〇年。
(24) 熊博毅「『学の実化』の時代——山岡順太郎・倭父子展をふりかえって」『関西大学年史紀要』一九、二〇〇九年参照。
(25) 今田忠「関西の経済界と社会文化事業」川添登・山岡義典編『日本の企業家と社会文化事業』東洋経済新報社、一九八七年参照。
(26) 双日株式会社ホームページ「双日歴史館」二〇一五年参照。
(27) 兼田麗子『大原孫三郎』中公新書、二〇一二年、第八章。
(28) 寺出浩二「大原孫三郎と大原三研究所」川添登・山岡義典編『日本の企業家と社会文化事業』東洋経済新報社、一九八七年参照。
(29) 野村千佳子「近代日本と野村財閥の発展過程の研究」二〇一一年度科研費研究報告参照。
(30) 山下麻衣『医薬を近代化した研究と戦略』芙蓉書房出版、二〇一〇年、七二頁。
(31) 林雄二郎・山岡義典『日本の財団』中公新書、一九八四年、五六頁。
(32) 福永郁雄「森村市左衛門と森村豊明会」川添登・山岡義典編『日本の企業家と社会文化事業』東洋経済新報社、一九八七年参照。
(33) 林雄二郎・山岡義典『日本の財団』中公新書、一九八四年、九三〜九四頁。
(34) 谷口工業奨励会四五周年記念財団『谷口財団七〇年の歩み』一九九九年参照。

(35)　江崎利一『商道ひとすじの記』日本実業出版社、一九七七年参照。
(36)　今田忠「歴史に名を残す人々」林雄二郎・加藤秀俊編『フィランソロピーの橋』TBSブリタニカ、二〇〇〇年参照。
(37)　猪木武徳、マルクス・リュッターマン編『近代日本の公と私』NTT出版、二〇一四年。序章参照。
(38)　長妻三佐雄『三宅雪嶺の政治思想』ミネルヴァ書房、二〇一二年。

参考文献

大阪市立大学『大阪市立大学100年史　全学編』一九八七年。
大阪大学『大阪大学50年史　通史』一九八五年。
『大阪の歴史』創元社、一九八六年。
鹿島茂『渋沢栄一』文藝春秋、二〇一一年。
姜克實『近代日本の社会事業思想』ミネルヴァ書房、二〇一一年。
季刊『アステイオン』三四号、TBSブリタニカ、一九九四年。
作道洋太郎編『近代大阪の企業者活動』思文閣出版、一九九七年。
作道洋太郎『関西企業経営史の研究』御茶の水書房、一九九七年。
渋沢栄一『論語と算盤』国書刊行会、一九八五年。
島田昌和『渋沢栄一』岩波書店、二〇一一年。
砂川幸雄『藤田伝三郎の雄渾なる生涯』草思社、一九九九年。
『住友春翠』芳泉会、一九七五年。

瀬岡誠『近代住友の経営理念』有斐閣、一九九八年。

日本生命保険『ニッセイ100年史』一九八九年。

藤本鐵雄『明治期の別子そして住友』御茶の水書房、一九九三年。

毎日新聞大阪社会事業団『福祉を拓く　毎日新聞大阪社会事業団の82年』一九九三年。

毎日新聞130年史刊行委員会『「毎日」の3世紀』上・下、二〇〇二年。

宮本又次『大阪文化史論』文献出版、一九七九年。

宮本又次『船場』（ミネルヴァ・アーカイブズ）ミネルヴァ書房、二〇〇八年。

宮本又郎『企業家たちの挑戦　日本の近代11』中央公論新社、一九九九年。

宮本又郎『日本企業経営史研究――人と制度と戦略と』有斐閣、二〇一〇年。

宮本又郎『企業家たちの幕末維新』メディアファクトリー、二〇一二年。

山本一雄『住友本社経営史』上・下、京都大学学術出版会、二〇一〇年。

第四章　現代企業の文化・社会貢献

1　フィランソロピーからCSRまで

アメリカにおける企業フィランソロピー

第三章で見たとおり、近代における企業の文化・社会貢献の多くは、企業活動というよりも、企業家個人の思いや志が前面に出たものであった。企業家個人の私財を投じた活動も多く、分野も内容も個性的で特色があった。戦後においても新しく創業したオーナー型企業では、そうした例は少なくない。しかし、高度成長期を経て、現代的大企業が増えるにつれ、社会貢献活動も企業フィランソロピーや企業メセナとして、経営・マネジメントの一環に位置づけられるようになる。

フィランソロピーやメセナというと欧米が発祥であるが、その根底にあるキリスト教的慈善活動もともとは個人の行為である。したがって企業のような組織が行う社会貢献活動はそれほど古いものではない。

建国以来民間寄付やボランティア活動の社会的ウェイトが大きく、フィランソロピー先進国と言われるアメリカにおいても、企業の社会貢献活動が顕著になるのは第二次大戦後のことである。大戦前に設立されたカーネギー、ロックフェラー、フォードの財団から近年のビル・ゲイツやジョージ・ソロスの財団に至るまで、アメリカの著名な財団は企業財団ではなく企業家個人が設立した独立財団が多い。

「会社は株主のもの」という株主主権的な観点からすると会社は利益を上げることに専念するべきで、株主への配当を削ってまで、社会貢献をする必要がないという考えが主張される。企業において所有と経営の分離が一般化した後も、経営に対する株主の発言権は強いものであった。第二次大戦後の一九五一年、水道・ガス関連の機器メーカーのA・P・スミス社が地元のプリンストン大学に一五〇〇ドルの寄付を行った。これに対し、株主が定款違反だとして提訴したが、一九五三年ニュージャージー州裁判所は、直接事業目的ではないコミュニティへの寄付を合法と判決した。(1) こうした議論を経て、ようやく「企業の社会的責任」や「コーポレート・シチズンシップ」という概念がアメリカ社会に定着し、六〇年代以降企業財団の設立や利益の五パーセントを地域社会のために寄付するミネソタ五パーセントクラブなどの例にも見られるように多くのアメリカ企業がフィランソロピー活動を展開するようになってきた。

豊かな時代の到来と企業の社会貢献

戦後の日本においては、一九六〇年代の高度成長期を経て、経済の主役となった企業は善きにつけ悪しきにつけ、社会の中で大きな存在感を示すようになる。急速な成長の負の側面としての公害問題や石油ショックを契機とした資源・エネルギー問題への対応について、「企業の社会的責任」が厳しく問われた。多くの企業が、ビジネス・市場の枠を超えた社会的問題に直面し、解決に向けて取り組むことになった。

七〇〜八〇年代になって、経済一辺倒の時代から真の豊かな社会へのニーズが高まり、衣食足りて礼節を知る時代を迎え、「文化の時代・地方の時代」というスローガンも叫ばれるようになった。そうした時代の潮流の中で、環境・文化・福祉といった社会的ニーズに対して企業が果たすべき応分の役割が期待されるようになった。

三菱グループの創業一〇〇年を記念して一九六九（昭和四四）年に設立された三菱財団や一九七四（昭和四九）年に発足したトヨタ財団をはじめとして、大型の企業財団が続々と登場した。

当時の豊田英二トヨタ自工社長は、「企業が今日あるのは、社会の恩恵を受けてであり、そのお返しとして広く公共のお役に立つことをしたいと考えるのは、ごく当然のことであり、財団の設立はその一つの方法である」と述べている。その後トヨタ財団は多目的財団として、民間の助成財団のリーダー的役割を果たすようになる。

一方、企業の社会的責任に関してもうひとつの流れが、海外へ進出した日本企業の体験から生まれた。とりわけアメリカでは、前述のとおり一九六〇年代以降「コーポレート・シチズンシップ（企業市民）」の考えが浸透していた。異文化に直面した現地の日系企業は、当初は人権・雇用差別問題やコミュニティ社会からの寄付攻めに戸惑ったりしたが、やがて地域社会の一員としてフィランソロピー活動を行うようになった。そして国際的な企業フィランソロピーや「企業市民」という考え方が日本の本社にも反射効果をもたらし、社会貢献専門部署を社内に設けるなど、日本における企業の社会貢献活動を促進することにもつながっていった。

一九八九年には、経団連の呼びかけにより海外事業活動関連協議会（CBCC）が設立され、日系企業が海外進出先社会から「よき企業市民」として受け入れられるための支援活動を推進している。

欧米諸国の先進的な「企業市民」活動に影響を受け、一九九〇年には、経団連に一パーセントクラブが発足し、所得の一パーセント以上を自発的に社会貢献のために寄付する活動がスタートした。同じ年に、芸術・文化支援を主な目的とした企業メセナ協議会が設立され、また翌九一年には大阪商工会議所の尽力により、大阪にわが国初のコミュニティ財団が誕生した。

このように企業が連携してフィランソロピー活動を組織的・継続的に展開し始めたことは、企業の社会貢献に対する機運の高まりと定着を示すものであろう。こうした活動の先駆的事例として特筆すべきものに、アメリカの「アド・カウンシル」の活動に刺激を受け、一九七一年に関西から始まった公共広告機構の活動がある。広告のもつ力を公共のために役立てようというボランティア活動であり、広告主・メディア・広告代理店など、広告に関連する企業が連携して、身近なマナーから自殺防止、地球資源問題まで、タイムリーな社会的キャンペーンを、テレビ・ラジオ・新聞・雑誌・インターネットなどのメディアを通じて活発に展開している。

今では、東京に本部を移し、名称も「ＡＣジャパン」と改称し、北海道から沖縄まで全国に支部を設け、活動の輪を広げている。設立時は一〇〇社ほどのメンバーであったが、現在一〇〇〇社を超える企業が参加している。広告実績も年々増加し、二〇一四年度には正規料金換算で五一八億円の規模に達した(2)。

他方で、戦前からの文化・社会貢献活動の潮流も絶えることなく続いていた。とくに科学技術振興の分野では、谷口房蔵の遺志による東洋紡の谷口工業奨励会や服部時計店の服部金太郎が設立した服部報公会、旭硝子が設立した旭化学工業奨励会（現・旭硝子財団）などの戦前からの財団に加え、戦後の一九六〇年前後には旧王子製紙の藤原銀次郎による藤原科学財団、東レ科学振興会、武田科学振興財団などが発足し、科学技術の振興に民間財団として先駆的役割を果たしている。

七〇年代までは、企業の社会貢献活動は、伝統的な社会福祉や教育・奨学分野と科学技術の振興が主なものであったが、八〇年代に入ると時代の要請を反映して、人文・社会科学を含めたより幅広い学術分野への助成、芸術・文化・スポーツの振興、自然環境保護、国際交流など多彩な分野に広がり、今日の企業の社会貢献活動につながる新しい流れを形成した。

図4－1　渡辺昌夫公益法人協会初代理事長

出典：『公益法人協会40年史』より。

こうした民間公益法人の設立・運営を支援するために、一九七二年に渡辺昌夫を中心とする有志の力で誕生した公益法人協会も、その後の民間公益活動の流れに棹をさした。渡辺昌夫は、民間公益法人の増加の動きを歓迎しつつも、個々の財団が主務官庁の監督・指導だけを頼りに活動する状態を憂慮した。財団同士の情報交換・相談や切磋琢磨の機会を提供して、日本の民間公益活動全体の活性化と水準向上をはかるという熱い使命感に燃えていた。設立以後、公益法人制度についての調査・研究やそれに基づく政策提言も活発に行い、二一世紀に入っての公益法人制度大改革の際には、渡辺昌夫の志を受け継いだ太田達男理事長のリーダーシップのもとで、制度改革と新制度への移行について政府に具体的提言を行い、大きな役割を果たしている。

　また公益法人協会の影響もあり、一九八五年には助成財団資料センター（現・助成財団センター）が発足し、一九八八年に財団法人となっている。設立には、トヨタ財団が中心メンバーとして尽力している。同センターは、アメリカのファンデーション・センターなどをモデルとして、主に助成活動を行う財団の情報収集・アーカイブ機能を目的としたものであったが、その後助成財団の横の連携や財団活動のサポート、情報発信など幅広い活動を推進している。

企業フィランソロピーからCSRへ

　失われた一〇年と言われる九〇年代だが、九五年の阪神・淡路大震災を契機とした市民ボランティアの広がり、NPO活動の発展などを通じて、民間社会貢献活動の波はいっそう高まった。企業による災害支援活動も一般的となり、二〇一一年の東日本大震災の際にも多くの企業が、義捐金だけでなく、水・食糧などの緊急現物援助から、支援物資運搬活動、従業員派遣による現地での復旧活動、被災者の心のケアにいたるまで、迅速かつキメのこまかい支援活動を活発に展開し、国内外から注目を浴びた。

　トヨタ自動車、パナソニック、ソニー、リコー、富士通、ホンダなどの大企業がいち早く支援策を発表し、他の企業の支援活動にも影響を与えた。ソフトバンクグループ代表の孫正義やファーストリテイリングの柳井正の個人・企業グループを合わせた多額の義援金も話題となった。孫正義は義援金だけでなく、自ら発起人となって四〇億円の基金を拠出し、被災地の子供への支援を継続するために「東日本大震災復興支援財団」を設立している。ファーストリテイリングも、阪神・淡路大震災時に建築家安藤忠雄らの発案により震災遺児のために発足した「桃・柿育英会」を東日本大震災遺児育英資金として再スタートするために二億二〇〇〇万円を出捐している。同会の発起人には、柳井正のほかに福武總一郎ベネッセホールディングス会長や佐治信忠サントリーホールディングス社長らの企業家も名を連ねている。

ロート製薬会長の山田邦雄は、阪神・淡路大震災の時に災害にあった子供たちへの支援が十分でなかった反省を踏まえ、東日本大震災で親を失った子供たちの進学・就職への夢を応援する奨学基金を発案した。同社単独ではなく、カルビー、カゴメの各社にも呼びかけ、賛同を得て三社の協力により、震災で親を亡くした子供たちに学資を提供する「みちのく未来基金」という財団を二〇一一年一〇月に立ち上げた。(3)「東日本大震災復興支援財団」、「みちのく未来基金」の両財団と「桃・柿育英会」東日本大震災遺児育英資金は、その後も広く一般からも賛同を得て寄付を集め、次世代育成のための支援活動を続けている。

日本経団連「社会貢献活動実績調査」(二〇一三年度)によれば、企業の社会貢献活動支出額は、

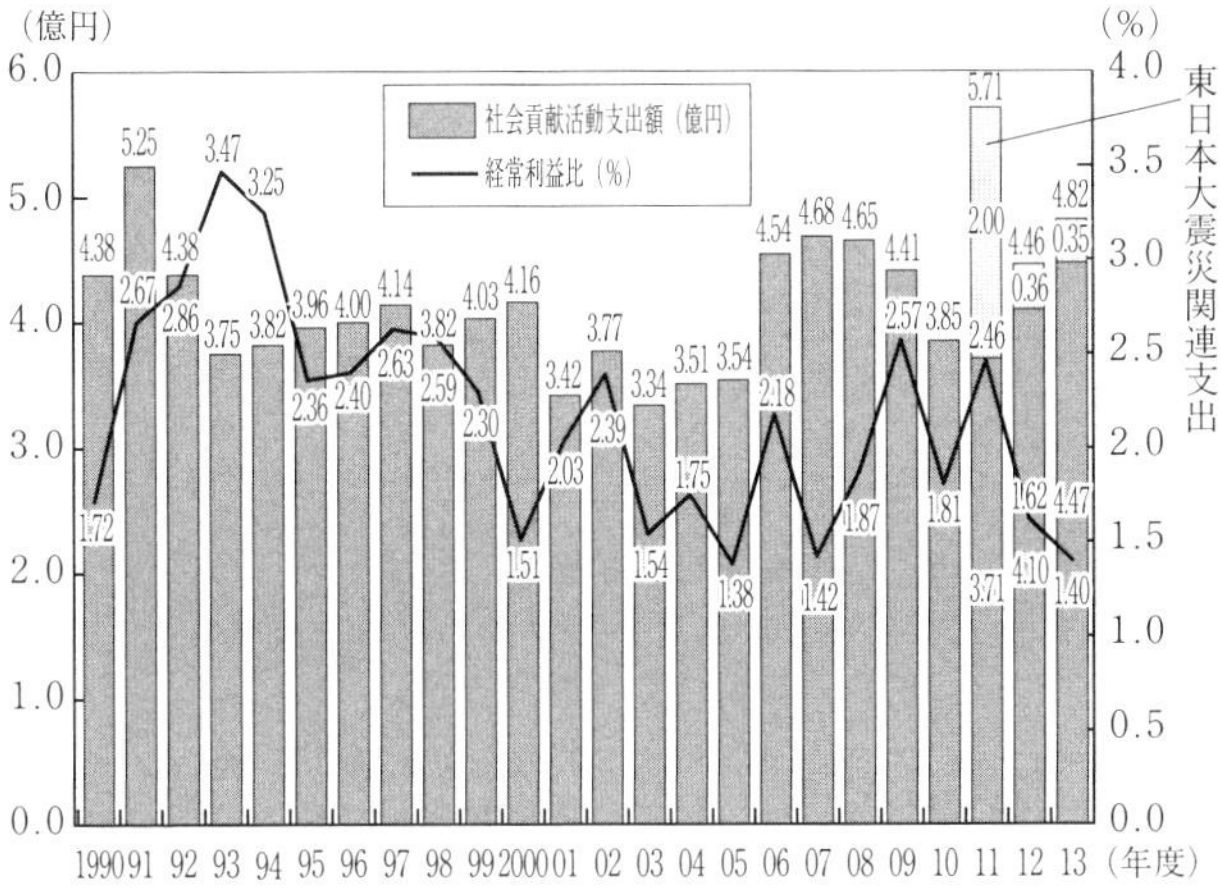

図 4 - 2　社会貢献活動支出額の推移（1社平均）

出典：日本経団連「2013年度社会貢献活動調査結果」より。

バブル経済崩壊直後に一時ダウンしたが、その後は安定的に推移しており、企業によるフィランソロピーやメセナ活動も、着実に維持・継続されていることがうかがえる。とくに二〇一一年度には、東日本大震災関連の支援支出が全体の三五パーセントを占め、総額も大きく増えたが、震災後も支援を続けている企業が多い。

二一世紀に入って、グローバル化・情報化の波がより広範なものとなり、企業にとって受身の対応を迫られた六〇~七〇年代の「企業の社会的責任」ではなく、より積極的な意味で社会的役割を果たそうとするＣＳＲ（Corporate Social Responsibility）活動が、企業経営の大きな課題としてクローズアップされてきた。

多くの日本企業がＣＳＲに取り組み、その活動内容を毎年レポートにまとめ、社会に公表している。それを見ると次のような内容が取り上げられている。まず、企業の原点である創業の精神や経営理念を明らかにした上で、社会的責任を果たすべき活動指針や行動基準を示し、具体的な取り組み状況について紹介しているものが多い。その分野は概ね①コーポレート・ガバナンスやコンプライアンスを中心としたマネジメント体制、②株主・顧客・取引先・従業員などのステークホルダーとの関係や地域社会への貢献を中心とした社会問題、③地球環境や資源への配慮を中心とした環境問題の三つである。

もともと、「環境報告書」として作成していた企業が多く、環境問題が一分野として大きな比重を占めているが、これは地球環境問題が今日の時代的要請としてクローズアップされているためで、本来は環境問題への取り組みも広義の社会貢献活動として捉えうるものであろう。

日本経団連の調査によると、社会貢献活動に取り組む企業のスタンス・捉え方としては、「社会的責任の一環」「地域社会への貢献」という位置づけがもっとも高く、ついで「経営理念の具現化の一方策」「社会とのコミュニケーション」を挙げる企業が多くなっている。

CSR活動の普及とともに、企業活動の中で社会貢献活動と「企業の社会的責任」を結びつける意識が強くなる傾向が見られる。

企業に求められる役割や責任は、時代や社会により異なるが、社会の中で企業の存在が大きくなるにつれ、社会の一員としての企業に対する要請・期待も大きくなる。近年、企業不祥事の多

表4－1　社会貢献活動を行う企業の捉え方　（単位：％）

	90年度	93年度	96年度	99年度	02年度	05年度
社会的責任の一環として	88.0	85.9	84.4	84.3	85.5	86.1
地域社会への貢献	—	—	—	—	72.2	75.2
経営理念の具現化の一方策	—	—	—	—	—	36.9
社会とのコミュニケーション	—	27.1	30.8	21.9	43.2	30.9
コーポレートブランド向上の一方策	56.4	38.9	40.1	35.5	19.2	13.2
利益の一部の社会還元	46.6	36.6	38.9	47.2	30.8	12.5
社会への投資	—	—	—	—	7.1	5.1
会社の社会的感度を高める一方策	—	—	—	—	7.4	4.3
社風の形成を促すための一方策	23.7	24.6	23.3	21.0	10.1	2.7
社会の競争力向上の一方策	—	—	—	—	2.4	1.1
新規事業開発の種	2.5	2.6	1.9	1.9	2.1	1.1
優秀な人材確保・維持の一方策	1.7	0.8	0.0	0.3	1.2	0.9
リスクマネジメントの一方策	0.8	1.3	0.5	0.6	1.8	0.4
その他	4.5	3.1	3.3	2.8	2.1	1.3

注(1)：2005年度は３つ以内で回答、その他の年度は複数回答。
(2)：2005年度の回答社数は447。
出典：日本経団連「2005年度社会貢献活動調査結果」より。

発を背景に、企業のガバナンスやコンプライアンスが脚光を浴び、ＣＳＲ経営の重要テーマとなっている。

企業が法的義務を守り、商品やサービスの供給を通じて社会に貢献することは本来の役割であるが、今日のＣＳＲはそれらを超えた活動にまで関心が高まっており、企業の社会貢献活動もその中の大きなテーマのひとつとなっている。

関西経済連合会は、「地域社会の活性化に果たす企業の役割」をテーマにアメリカへ調査団を派遣し、二〇〇一年には企業と社会の新しい関係と企業の社会的責任に関する提言を発表した。具体的には、株主・従業員・顧客・環境・コミュニティといった多様なステークホルダーとの信頼関係構築のためのガイドラインを提示している。[4]

二〇〇三年には、経済同友会が第一五回企業白書『「市場の進化」と社会的責任経営』でCSRを取り上げた。ISOでのCSRの規格化の動きなどを背景に、経営者による具体的実践を促進するための「企業評価基準」を提唱している。[5] 日本経団連も二〇〇四年に「CSRの推進に積極的に取り組む」ことを宣言した。[6]

「会社は誰のものか」、「誰のための会社にするか」、「会社はこれからどうなるのか」といった企業経営に関する議論が沸き起こり、アメリカ的な株主資本主義的企業価値観から、さまざまなステークホルダーとの関係、企業不祥事をめぐる社会からの要請にこたえるコンプライアンス経営論に至るまで、あらためて社会の中の企業のあり方が見直されることとなった。

ゴーイング・コンサーンとして、社会の中で存続・発展を志向する企業にとって、CSRは経営の基本でありいわば当たり前のことであるが、時代によって社会によって企業に求められる社会的責任の中身も、要求水準も変わってくる。「コンプライアンス」とは、単なる法令遵守ということではなくて、社会からの期待・要求にこたえるということが基本的意味であろう。

「はじめにビジネスありき、利益が出たら社会貢献」ということではなく、今日においては、企業が社会の中で存続する条件として、「経済・社会・地球環境」の三つの面で、応分の責任を果たすことが求められている。

これからの社会と企業

社会貢献がCSR経営の一環に位置づけられることにより、より多くの企業が社会貢献活動を推進することは、前述の日本経団連の調査結果からもうかがえる。しかしながら、CSRが一時的なブームで終わらず、日本企業の経営の中にしっかりと定着するか否かは今後の各企業の取り組み方如何にかかっている。

従来の日本企業の伝統的社会貢献活動は、もともと企業家個人あるいはトップ経営者の価値観や判断に基づき実施されているケースが多く、経営全体の中での位置づけが不明確であったり、一部の部署の活動にとどまっていたりして、必ずしも企業全体のものとはなっていない。伝統的な陰徳や社会への感謝の念から出発した活動が、CSRへの取り組みを契機に、単なる利益の社会還元や社会とのコミュニケーションという位置づけを超えて、企業価値の向上に貢献し、これからの時代に生きる企業の経営活動の根幹部分として、改めて見直される機会となれば意義があると言えよう。

これまでの企業経営の中では、それほど光が当たらず目立った存在とは言えなかった社会貢献活動の分野であるが、戦前からも含めた長い歴史の中で、社会的には着実な実績をあげ、貴重な役割を果たしてきたことも事実である。

政府がリードするのが当たり前とされてきた公共・公益分野で、科学・技術や芸術・文化のべンチャー的な先端開発や地域に密着したきめ細かい福祉活動、柔軟で心のかよった国際支援・交流活動などにより、民間らしい事業・活動を展開し、企業のもつ資金・施設・ノウハウといった経営資源を、社会発展・福祉の向上のために有効に活用し、貴重な成果を挙げている例は多い。

ビジネス面で、宅急便という新しい運送サービスを創造したヤマト運輸は、こども交通安全教室や災害時の救援物資の搬送などの社会貢献を行うほか、一九九三年に社長であった小倉昌男がヤマト福祉財団を設立し、障害者の自立と社会参加支援のユニークな活動を展開してきた。障害者が中心となって働くベーカリーチェーンやメール便配達事業により、障害者の仕事と収入を確保し、企業のノウハウを障害者の自立支援のために役立てている(7)。

一九六五年に創業した通信販売のフェリシモは、矢崎和彦社長が事業特性を活かして障害者が作る商品の開発と販売を通常の通信販売のビジネスの中に取り入れ、障害者の自立支援に貢献している。また、通信販売の顧客の協力を得て一口一〇〇円の参加型基金をつくり、森林づくり・災害支援・教育支援などの活動を地球的規模で推進している(8)。

こうした戦後の新しいベンチャー型経営者の登場により、新しい社会貢献がさまざまな形で展開され成果を挙げていることは、将来への新たな展望を切り開くものであろう。

一方既存の企業財団も、民間らしい心のこもった特色ある助成活動や社会的事業により社会の各分野に寄与し、民による公共・公益活動の先導的役割を果たしている例が少なくない。

一九七五年発足以来、アジア・太平洋地域諸国からの留学生を支援している「とうきゅう外来留学生奨学財団」は、奨学金を給付するだけにとどまらず、留学生のために日本での生活の相談に乗ったり、学生同士あるいは日本人との密接なコミュニケーションのための会合や旅行を企画したり、さらには帰国後も交流・フォローを続けるという民間財団らしい手間隙をかけた有意義な国際交流を長年継続している。

日本生命の創業九〇周年を記念して一九七九年に設立された日本生命財団は、多目的財団として青少年育成、高齢社会、環境問題などに早くから取り組んでいるが、とくに外で遊ぶ時間の少ない子供たちが、自然体験・生活体験・仲間づくり・文化に触れるなどの活動をするための助成を、全国の都道府県の協力を得て行っている。金銭的助成ではなく、それぞれの活動内容に見合った遊具やスポーツ用品、楽器などの現物での助成を行ったり、交流誌などによってさまざまな情報を提供したりしてサポートしていることが特色となっている。また、民間多目的財団の利点を活かして、高齢者や環境プログラムと青少年育成活動との連携による相乗効果を図り効果を挙げている。

サントリーの創業八〇周年を記念して一九七九年に設立されたサントリー文化財団は、それまで少なかった人文・社会科学分野における学際的研究に対する助成に力を入れ、テーマの選び方、研究の進め方、助成金の使用について研究者の創意・自由度を優先して、金額は少なくても助成の効果を生んでいる。また人文・社会科学分野の若手研究者を発掘する「サントリー学芸賞」と優れた地域文化活動に光を当てる「サントリー地域文化賞」の顕彰活動を早くから行い、人材育成と学術・文化の発展に寄与している。

以上の例を見ても、規模は公的助成に及ばなくても、それぞれの分野で民間らしい創意と工夫を発揮すれば、企業財団の存在意義は大きいと言わねばならない。

今後、市民ボランティアやNPO・NGOなどの市民団体による社会貢献活動も盛んになる中で、これまでのフィランソロピーやメセナ活動で蓄積してきた企業の経験・ノウハウをNPOなどの活動に活かすことは、地域社会の主人公である住民や企業自身が公共・公益の分野に関心をもち、新しい二一世紀の地域づくりに積極的に参画し、行動するためにも重要な鍵となるに違いない。

CSRを企業経営という観点から見れば、企業が社会貢献活動に取り組むことにより企業価値が向上するというメリットが期待される。企業イメージのアップや企業理念の具体化、コーポレート・コミュニケーションの強化などにつながる可能性も大きい。また社会貢献活動を通じて、ビジネス活動だけでは得られない人脈・情報ネットワークの形成、専門的人材の育成、従業員の文化度・企業文化力の向上などにも寄与するであろう。

しかしながら、これらはあくまでも付随的効果であり副次的メリットである。フィランソロピーやメセナは、短期的に利益を生むためのコストでもなければ、直接回収可能な短期的投資でもない。経済同友会の「企業白書」では、「企業の持続的発展」を図るための積極的「投資」として意義づけている。岩井克人流に言えば、会社が法人として社会に存続するための義務であり責任だと言えるかもしれない。

社会の中に現実に存在する企業は、生きた人間が営む組織であり、人の集まりである。人格に相当する「企業格」や「社格」というものがあってもおかしくないであろう。日本企業の社会貢献の歴史を見る限り、それは「企業格」に根ざした企業の志の発露であり、社会の中での企業の「立ち居振る舞い」と表現しうるものであった。

江戸時代の近江商人や大坂商人以来の伝統・気風が、近代以後の企業にも受け継がれ、社会貢献を企業活動の当然の要素として行う企業が多く見られた。利益を上げたから社会へ還元するのではなく、利益の多寡にかかわらず、あるいはたとえビジネスが赤字であったとしても、社会貢献活動を続ける企業が少なくなかったのである。

時代の変化によって、社会貢献活動の中身は異なっても、貢献への志は持続すべきものであるが、企業規模が大きくなるに伴いその維持・継承は困難になる。今日のＣＳＲが、この点をカバーして社会貢献をこれからの企業経営の中に、制度として明確に位置づけ、組織的に継続・発展させていくならば、その意義は大きい。

宮本又郎は、今日の企業が内部に蓄積しているヒト・モノ・カネという資源をどう活かすかが、その企業の見識と品位として問われているとし、次のようにのべているが、全く同感である。

「多元的価値観が存在する今日の社会においては、政府などが一元的に公共財を供給するのは不適切となり、企業がその個性と判断を活かしながら、この種の分野にも経営資源を使ってゆくことの積極的意義が増している。つまり今日においては、企業を『誰が所有するのか』ではなく、『誰が経営するのか』ということであろう(9)」。

企業の社会貢献の志を形にするためにはさまざまな方法がある。活用すべき資源も、人・もの・施設・金から情報・ノウハウにいたるまで多様であるし、その形態も、寄付・支援活動・財団・社団・公益信託から、行政への政策提言、福祉・文化事業の運営に至るまで幅広い。それぞれの企業には、社会に生きる存在として、その「人格」と個性に基づく、独自の社会貢献への思いや志があるはずである。どんな分野にどんな形で貢献するのかを企業の内外に明確に示し、必要な経営資源を投入し、その活動を遂行することに、それぞれの企業の知恵と工夫が発揮される。

その中で企業財団は、専門性をもって持続的に活動を進めるためには、優れた組織であるが、長く続くデフレ的経済と税制面でのバックアップが弱いために、その活動も新たな設立もやや足踏み状態の感は否めない。これからの社会における民間の公共・公益活動が担うべき大きな役割を考えれば、公益法人制度改革の今後のさらなる改革によって、ＮＰＯや社会的企業などの新しい法人とともに、企業財団を中心とした民間財団・社団の飛躍的発展を促す環境づくりを期待したい。

これからの時代は、グローバル化とＩＴ・情報化の進展により、社会貢献の範囲がますます広がり、どの企業にとっても、地域社会だけでなく、全国、そして世界へと視野を広げていくことが求められるであろう。

フィランソロピーの原点は、言葉の原義どおり人間同士が助け合う人間愛であり、この点はいつまでも変わらない。「貧者の一灯」的な市民ボランティア活動は、ＮＰＯ・ＮＧＯ活動の世界的高揚とともにその役割を増し、可能性をさらに広げていくであろう。一方、「ノブレス・オブリージュ」という言葉があるが、やはりもてるもののつとめは大きい。多くの先人企業家・経営者のフィランソロピー活動を受け継ぎ、個人としての志から企業としての人間的な社会貢献へと高めていくことが、企業が有する豊かな経営資源を公益に資する「社会的資源」として活かすことにもつながる。そのことが民の公共・公益活動を盛んにし、社会の中の企業の存在価値をいっそう高めていくであろう。貧者の明かりが足元を照らすとすれば、富者の灯台は大海を照らすのである。

二一世紀型社会は、さまざまな分野で市民・企業・政府の連携・協同・コミュニケーションがキーワードとなり、ますます重要度を増すであろう。今日の企業のCSR活動が、一過性のブームに終わることなく、これからの時代に生きる新しい企業ルネサンスのきっかけとなることを期待したい。

2 「利益三分主義」の志——鳥井信治郎と佐治敬三

本節では、二〇〇九（平成二一）年に創業一一〇周年を迎えた大阪発祥の企業サントリーを例に取り上げて、創業者鳥井信治郎と二代目社長佐治敬三による長年にわたる文化・社会活動の系譜をたどり、企業の社会貢献活動の企業経営における役割および社会的意義を考察したい。

「やってみなはれ」——鳥井信治郎の挑戦

サントリーの創業者鳥井信治郎は、一八七九（明治一二）年、大阪船場の両替商鳥井忠兵衛、こま夫妻の次男として生まれた。大阪商業学校に二年在学したのち、一三歳で道修町の薬種問屋小西儀助商店（現・コニシ）に、住み込みの奉公に出た。

小西儀助商店は、一八七四（明治七）年に創業し、当時主流であった漢方薬ばかりでなく、西

図 4－3　明治期の小西儀助商店
出典：『日々に新たに　サントリー百年誌』より。

洋の薬やぶどう酒・ブランデー・ウイスキーなどの洋酒も輸入・販売し、またビールの製造も手がけるなど、進取の気風に満ち、店内にはハイカラな雰囲気が漂っていた。

信治郎はここで三年間勤める間に、洋酒についての情報や作り方の知識を身につけ、持ち前の鋭い鼻と舌で、微妙な香りと味を嗅ぎ分ける力を養った。

その後、舶来の絵具・染料を扱っていた小西勘之助商店に移り、調合技術にさらに磨きをかけた。

都合七年に及ぶ丁稚生活は、青年信治郎にとって苦労の絶えないものだったが、西洋のハイカラな文物に触れ、後年実を結ぶ洋酒づくりの知識と商売のコツを体得しえた貴重な時期でもあった。

一八九九（明治三二）年、弱冠二〇歳の信治郎は、大阪市西区靱中通に「鳥井商店」の看板を掲げ独立した。徒手空拳、たった一人で創業の第一歩を踏み出したのである。ぶどう酒の製造・販売が主で、ほかに輸入の缶詰なども扱った。ちょうど

図4-4　青年鳥井信治郎

出典：『日々に新たに　サントリー百年誌』より。

日清戦争が終わり、中国大陸への輸出が伸びていた時期で、中国商人からの注文が殺到し、幸先のよいスタートを切ることができた。

店も何度か移転し、少しずつ大きくなっていった。やがてスペイン人の貿易商セレースと知り合い、本場直輸入のポートワインを日本人にひろめようとしたが、酸味が強すぎて、さっぱり売れなかった。そこで、丁稚時代に培った鼻と舌と調合技術を活かして、スペイン産ぶどう酒をベースに、日本人の舌に合うぶどう酒を創るべく悪戦苦闘し、「向獅子印甘味葡萄酒」を経て、ついに一九〇七（明治四〇）年、その後の事業発展の礎となる「赤玉ポートワイン」を世に送り出した。

まるで砂漠に種をまき、水を灌いで、不毛の地を沃野に変えようとするような信治郎の挑戦を、息子の二代目社長佐治敬三は、こう記している。

「父の独立、それはのれんを分けてもらっての独立ではなかった。……洋酒そのものが当時の日本では過去を持たない存在であった。すべてが新しく、自らの努力によって切り拓かれねばならない分野であった。続いて赤玉ポートワインの創製。それはぶどう酒業界の異端者として生まれた。ヨーロッパ風のレベル、そしてヨーロッパ風の風味。ポートワインというヨーロッパ風の名前がそれらすべてを表象している。その表象にふさわしい新しい商品づくりによって新しい市場の開拓に成功したのである(10)」。

一九〇六（明治三九）年、店名を寿屋洋酒店に改め、以後一九一三（大正二）年に合名会社として法人化し、翌年には合資会社、そして一九二一（大正一〇）年には株式会社寿屋を設立して事業推進の体制を整えていった。

信治郎の企業家魂の凝結した「赤玉ポートワイン」であったが、その成功のためには、心血を注いでつくりあげた日本人の舌に合う味と品質だけでは十分ではなかった。太陽を意味する「赤玉」とハイカラな「ポートワイン」を組み合わせたユニークなネーミング、ボトルのしゃれたデザイン、時代を先駆ける斬新なポスターから人々の意表をつく広告・宣伝活動にいたるまで、いわば今日のトータル・マーケティング活動の先頭に立って、彼が陣頭指揮をとったことが功を奏したのである。

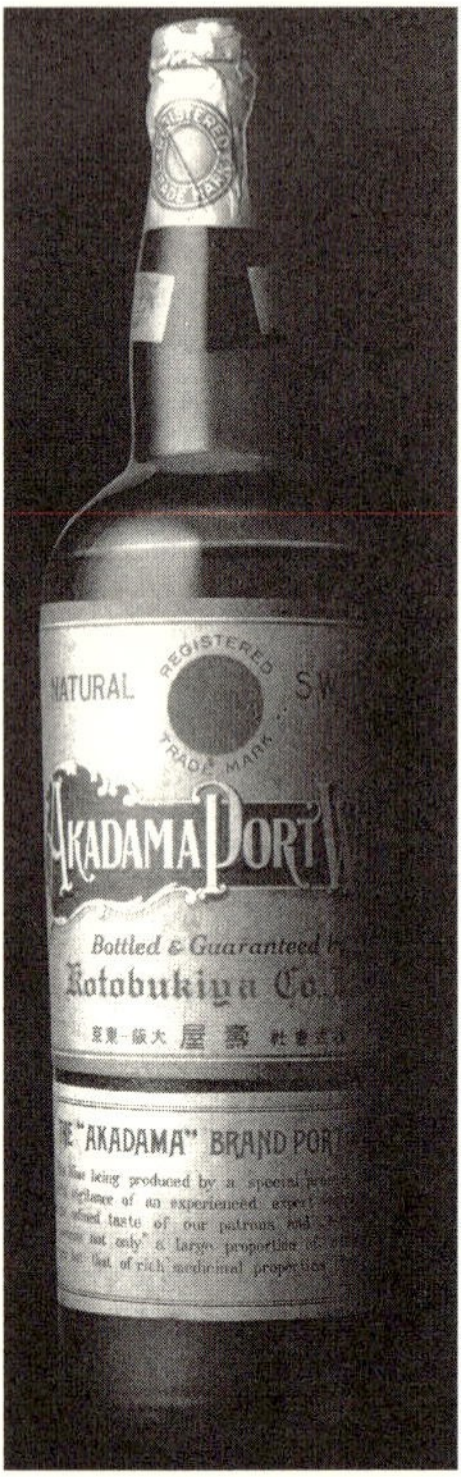

図4－5　赤玉ポートワイン
出典：『日々に新たに　サントリー百年誌』より。

信治郎はつねに前進を続ける男であった。「赤玉ポートワイン」の成功に甘んじることなく、さらなる飛躍を企てた。当時スコットランド以外では不可能と言われたウイスキーづくりへの社運を賭した挑戦である。大正のはじめ、当時スコッチウイスキーの輸入が年二〇〇万円ほどあり、この外貨流出を防ぐということと原料の穀物を生産する国内農業の発展のためにも国産ウイスキーをつくることが日本のためになるというのが信治郎の考えであった。しかし、あまりのリスクの大きさに、社の内外の人々はこぞって反対した。四面楚歌とも言うべき周囲の反対を押し切り、国産本格ウイスキーづくりへの執念と、「結果はやってみなければわかりまへん」という固い信念を貫き、一九二三（大正一二）年、京都郊外山崎の地において工場建設、原酒製造に着手した。

数年の原酒熟成期間を経て、国産ウイスキーが製品としてはじめて世に出たのは昭和四（一九二九）年で、「サントリー白札」と名づけられた。「サン」は太陽つまり赤玉の恵みから生まれたことを表し、それに鳥井の名前を結びつけた。

しかし市場の反応は芳しくなかった。味も満足すべきものではなく、苦戦が続いた。一九三七（昭和一二）年、ようやく満足のいく「サントリーウイスキー角瓶」を発売すると好評を博し、よく売れるようになった。その後も、日本人の味覚に合うウイスキーづくりへの努力が重ねられるが、時代は戦争へとさしかかり、その努力が実るのは戦後を待たなければならなかった。

戦後の復興から成長期を迎え、大衆消費時代の到来とともに洋酒ブームが起こり、戦前のウイスキーづくりの努力が大きく開花した。山崎工場の原酒が戦災に遭わなかったことも幸いした。戦後、大衆向けに発売した「トリス」が爆発的に売れ、続いて「角瓶」「オールド」が引っ張りだこになった。

図４－６　サントリー白札の新聞広告
出典：『日々に新たに　サントリー百年誌』より。

　上質の魅力的な製品の開発に加えて、創業以来の果敢な宣伝、販売活動を通じた革新的なマーケティングは、つねに時代を一歩先駆け、新しい需要を開拓していった。

トリスブームの最盛期にあった一九六一（昭和三六）年、信治郎は次男佐治敬三に社長の座を譲り、自らは会長職に退いて次の世代にバトンを渡した。そして翌年、一筋の道を前へ前へとひたすら歩み続けた波乱万丈の生涯を終えたのである。

「年若くして実業界に身を投じ、幾多の困難や苦境に出会いながらも、それらに打ち勝ち、成功への道をひた走りに走り続けることのできた鳥井信治郎は幸せであった。信治郎はたしかに運の強い男であったが、それにも増して、かれにはその幸運をより大きく自分のものにしようとする努力・工夫そして強い意欲があった。この意欲こそ、かれを成功への道に招待した、たった一枚の切符であったのかもしれない(11)」。

その意欲を端的に示した言葉が、信治郎の口癖でもあった「やってみなはれ。やらなわかりまへんで」であった。

利益三分主義

鳥井信治郎は、事業の傍ら社会福祉活動に情熱を注ぎ込んだ。不幸な人・生活に困っている人を見るとほうっておけない性格で、ふだんから慈善的寄付を積極的に行っていた。創業後間もない一九〇七（明治四〇）年ごろから、毎年年の暮になると多量に餅つきをして、民生委員の協力を得て、大阪市内の生活困窮者に配った。自宅近くの兵庫県川西町でも、餅を配ったり、信治郎の妻や社員の妻たちが縫い上げた綿入れの着物を配ったりもした。

学問・教育の支援にも力を入れ、返済不要の奨学金給付事業などを匿名で行い、また病院への寄付、寺社への寄進なども積極的に実行した。病院への寄付では、当時全国的に福祉医療事業を行っていた恩賜財団済世会の大阪病院に病棟を寄付している。(12)

会社の経済的苦境の時期にも、信治郎の寄付・慈善活動は続いたので、時の経理担当者が忠告することもあった。しかし信治郎は「こんにち会社がこんなになれたのも、みな世間様のおかげや。そのおかげを返してるんや。他のことはともかく、寄付だけはつづけさせておくれやす。それで裸になるんやったら本望や」と答えたという。(13)

しかし、こうした社内からの指摘もあって、それまで信治郎の思いつきで進められていた観のある慈善・社会事業を一括して担当する組織として、一九二一（大正一〇）年に「邦寿会」を発足させた。この「邦寿会」は、一九四一（昭和一六）年に財団法人として独立し、戦後の一九五二（昭和二七）年には、制度改正により社会福祉法人に改組し、今日に至っている。

邦寿会の社会事業の中心は、生活困窮者のための医療・福祉施設の運営であった。大阪市内に、今宮診療所（一九二一年）、豊崎診療所（一九二三年）、此花診療所（一九二八年）を開設し、終戦直後は駒川ホーム（一九四六年）、赤川ホーム（一九四六年）などの宿泊施設を設け、身寄りのない人たちを収容した。時代の流れに応じてその事業の内容を変えてきたが、今日では、特別養護老人ホーム「高殿苑」、家庭環境に恵まれない乳幼児のための「つぼみ保育園」などを通じて地域の社会福祉に貢献している。二〇〇八（平成二〇）年には、長年の福祉活動の経験とノウハウを活かして、大阪府藤井寺市の工場跡地に総合福祉施設「どうみょうじ高殿苑」を開設した。

教育の分野では、前述の奨学金や研究費援助事業のほかに、自宅のある川西市雲雀ヶ丘地域の住民の要望に応えて小学校設立に尽力し、一九四九（昭和二四）年四月には、雲雀ケ丘学園の第一回入学式が挙行されるに至った。現在では、幼稚園・小中学校・高等学校からなる総合学園に発展している。

鳥井信治郎が行った社会貢献事業は、いずれも彼自身のやむにやまれぬ強い思いがその根底にある。彼の事業の後継者となった次男佐治敬三は、自伝の中で次のように述べている。

「父の行いは、孟子のいう『惻隠の情』に発していたのではないか。母親すなわち私の祖母の影響で、幼い頃から心にきざみつけられた『惻隠の情』が、長じて後の父の生涯に色濃く反映しているように思えてならない。社会への貢献というとえらそうに聞こえるけれども、もともとは一人の人間のやむにやまれぬ真情から発すべきものではないか(14)」。

作家山口瞳も、『サントリー七〇年史』の中で同様のことを記している。

「信治郎の喜捨は、金持ちの、あるいは有閑人種の慈善事業とは、根本的に、どこかが違うのではないか。言ってみれば、信治郎の喜捨には自分の血が流れているのである。血が通っているのである。だからこそ、社員も家族も、不平を言わずに従ってきたのではないか(15)」。

このような信治郎の信念は、宗教的な信仰心によって培われたものである。

幼少時以来の両親とりわけ信心深い母親からの影響が大きかった。神仏の加護、陰徳の大切さを身をもって教えられた。

「人間に与えられているものは、それが何であれ恩恵であると思うのである。太陽の光、空気、水等は自分が作ったものではない。全くただで与えられているものであり、しかももっとも尊いものである(16)」。

天地自然の恩恵への感謝の念が、寄付や慈善活動へとつながっていった。したがってその中には、寺社への寄進も多く含まれていた。年末には全国有縁の寺社に献酒をして新年を祝った。戦前の一時期には、社内に寺社への寄進を業務とする神仏課という部署まで置いたほどである。

鳥井信治郎が行なった社会貢献活動は、会社としての事業と企業家個人としての活動が渾然一体となっており、当初はむしろ個人的な陰徳、篤志活動という色彩が強かった。会社として積極的に取り組むために、彼は「利益三分主義」を唱えた。「商売の利益は人様のおかげだ。三分の一を社会に還元し、三分の一はお客様や得意先にサービスとして返す。残りの三分の一を事業資金とする」[17]。そこに流れる理念は「報恩感謝の経営」である。

以上、寿屋（現・サントリー）創業者鳥井信治郎の社会事業と「利益三分主義」について述べてきたが、明治維新から戦前期までの近代日本においては、企業の社会貢献活動と言えるものは、まだ緒に就いたばかりで、どちらかと言えば企業家個人の慈善・社会活動の色彩が強いものであった。

活動の分野も、社会福祉分野か学問・教育への支援活動が主で、あとは国家や自治体の行政が進める事業への協力や寺社・祭礼への寄進が目立つぐらいで、企業財団によるフィランソロピー活動や多面的な分野における文化活動や民間公益活動の開花は、戦後を待たなければならなかった。

近代に生まれたベンチャー企業家の多くはまったく新しい時代環境のもとで、前人未踏の事業の道を模索しながら前途を切り拓き、ひとつまたひとつと果敢に挑戦を重ね、自ら抱いた青雲の志を実現していったのである。

今日名を残している多くの近代企業家は、渋沢栄一の「右手に論語、左手にソロバン」に示されるように、事業家としての力を発揮するだけでなく、社会的使命を自覚していた。鳥井信治郎も、そんな時代に大阪に生まれた一人の創業者であり、終生大阪商人であることを誇りにしていた。

「やってみなはれ」というチャレンジ精神と、「利益三分主義」という社会貢献の志が表裏一体となって不可分に結びついていたのが、彼の商人魂であった。そしてこの精神は、サントリーという企業のDNAとなり、戦後次の世代へと受け継がれてゆくのである。

生活文化企業をめざして

鳥井信治郎の次男佐治敬三が、二代目社長に就任するのは、一九六一（昭和三六）年であるが、バトンを確実に受け取るための十分なリレーゾーンの長さはあったように思える。一九四五（昭和二〇）年、海軍から復員後寿屋に入社した佐治敬三は、戦後の事業再スタートの先頭に立って活躍した。生産体制の確立から、マスターブレンダーとしての技術、マーケティングから経営全般にわたるマネジメントに至るまで、直接父の信治郎から手ほどきを受けるのではなく、父と併走しながら、自ら率先して学び、自分なりのスタイルを身につけていった。

「やってみなはれ」の商人魂も継承した。その最大のものがビール事業への挑戦である。昭和三〇年代、ウイスキー事業は戦後復興期を経て、トリス・オールドを中心に洋酒ブームが到来し、好調の波に乗っていた。まさにその順風のまっただ中で、未来への飛躍をめざし、あえて困難な新分野に飛び込む冒険を試みたのである。戦前の、赤玉が好調なときに、あえてウイスキーづくりにチャレンジした信治郎の「やってみなはれ」の遺伝子が、脈々と受け継がれていたのである。ビール市場は強固な寡占市場であり、新参のサントリービールは発売後も長く苦戦を強いられることになる。しかしながらビール事業への進出によって、洋酒ブームに浮かれていた社内に緊張感が漲り、その後の社員の士気高揚・経営風土の強化に果たした効果ははかりしれない。いわば、鶏口に甘んじることなく、「牛頭」をめざしたと言えよう。

ビール発売を機に一九六三（昭和三八）年、社名を寿屋からサントリーに変更した。洋酒の寿屋から総合酒類企業サントリーへの脱皮である。ちょうどこの時期ウイスキー市場にも国際化の波が押し寄せようとしており、洋酒・ビール両分野での新たな前進を決意した「第二の創業」の意志を新社名に託したものである。

一九七五（昭和五〇）年には「超酒類企業」への脱皮を掲げ、酒以外の分野への挑戦をはかり、食品事業をはじめ、外食・スポーツ・医薬事業など事業の多角化を大きく推進した。一九八〇（昭和五五）年には八〇年代の人々のニーズの潮流、時代の進路を予測して、新たに「生活文化企業」のビジョンを提示した。

「企業の存立は、社会に提供する財が社会から尊重されることによって保証される。社会がその財を、生活をより豊かにすることができるとした時、その財を生活文化財、その財を生産する企業を生活文化企業と私は呼びたいのである(18)」。

「生活文化企業」という言葉は、社内外で反響を呼んだが、その意図が十分理解されるまでには時間を要した。しかし佐治敬三のこの理念の提示によって、サントリーの企業像がより明確になったと筆者は考えている。すなわち、洋酒・ビール・清涼飲料・外食・医薬・スポーツ・出版等の多彩な事業が、生活をより豊かに・より楽しくする商品・サービスを提供することによって成り立つビジネスであることが明言されたばかりでなく、創業以来「利益三分主義」のもとに進めてきたさまざまな社会貢献活動もまた「生活文化企業」の一翼を担う重要な役割を位置づけられたのである。

図4－7　佐治敬三
出典：『日々に新たに　サントリー百年誌』より。

佐治敬三の文化・社会活動

戦後に始まったサントリーの新たな社会貢献活動は、佐治敬三の意向によるものが多い。戦後いちはやく一九四六（昭和二一）年に、化学の基礎研究の振興と国民栄養の向上に関する啓蒙活動を目的として、財団法人食品化

図4－9　サントリーホール
出典：『日々に新たに　サントリー百年誌』より。

図4－8　サントリー美術館
出典：『日々に新たに　サントリー百年誌』より。

学研究所を設立した。同研究所は一九七九（昭和五四）年に、財団法人生物有機化学研究所に改称し、海外からの研究者を招くなど一層活動の幅を広げ、二〇一一（平成二三）年には、公益法人制度改革に伴い、公益財団法人サントリー生命科学財団に改称し、今日にいたっている。また、食品化学研究所設立と同じ年に、家庭向け科学啓蒙雑誌「ホームサイエンス」を発行している。これら二つの事業は、大学時代に化学者を志した佐治敬三の熱い思いがこめられたものであった。

一九五九（昭和三四）年、創業六〇周年を迎え、翌年に記念式典を挙行し、記念事業として、科学技術の復興をはかるため、大阪大学へ酵素化学研究所を、日本化学会へ図書館を寄贈した。また東京パレスホテル内に美術館開設を計画し、一九六一（昭和三六）年サントリー美術館がオープンした。当初は収蔵品ゼロからのスタートであったが、「生活の中の美」というテーマを前面に打ち出して、特色ある企画・展示を行い、徐々に収集品も充実していった。一九七五（昭和五〇）年赤坂見附のサントリー東京支社ビル内に移転、さらに二〇〇七（平成一九）年には六本木のミッドタウンに新築・移転した。

大阪には、創業九〇周年記念事業として企画されたサントリーミュージアム〔天保山〕が、一九九四（平成六）年に「生活の中のアート&デザイン」をテーマにオープンし、二〇一〇年の閉館まで地域の文化に貢献した。

創業七〇周年の一九六九（昭和四四）年には、鳥井音楽財団（現・サントリー芸術財団に統合）を設立し、日本における洋楽の振興に力を注いだ。その活動の延長線上に、一九八六（昭和六一）年、サントリーホールが東京赤坂に誕生した。カラヤンが「音の宝石箱」と称賛したホールは、優れた音響設計だけでなく、バーコーナーのあるホワイエ、レセプショニストによる案内・サービス、ゆったりした楽屋から数多い女性用トイレにいたるまで、演奏者・聴衆・すべての利用者のための配慮が行き届き、従来日本にはなかった画期的なホールとして高く評価されている。日本のクラシック音楽人口の幅を広げるとともに、各地のホールや文化施設にも大きな影響を与えた。

大阪では、一九八三（昭和五八）年以来、毎日放送の協力のもとに、大阪城ホールで年末の「サントリー　一万人の第九コンサート」を開催している。プロ・アマ混じって多数の合唱団が参加する大イベントとなっている。佐治敬三自身も、例年歌手として参加し「歓喜の歌」を高らかに歌っていた。

創業八〇周年を迎えた一九七九（昭和五四）年は、日本も戦後の高度成長を終え、「地方の時代・文化の時代」というスローガンが叫ばれる時期にあたっていた。

この時代の波を受け、それまであまり光の当たらなかった人文・社会科学分野の学術振興と地域文化発展への寄与をめざしたサントリー文化財団を設立した。

当初三年間開催した国際シンポジウム「日本の主張」は、ダニエル・ベル、レヴィ＝ストロース、ドナルド・キーン、李御寧らの著名人を招いて、知的国際交流に大きなインパクトを与えた。その後もアメリカでのシンポジウムや「アステイオン」誌を通じて知的情報発信を続けている。また若手研究者を発掘・奨励するサントリー学芸賞や地域の文化活動を顕彰するサントリー地域文化賞を継続することにより大きな成果を上げている。佐治敬三は、多忙なビジネスの傍ら、シンポジウムや各賞の贈呈式に理事長として積極的に参加し、これらの活動をつねに熱心に見守っていたことが印象深い。

国際的文化貢献では、イギリスのロンドン大学への協力も行っている。一九八〇（昭和五五）年、ロンドン大学スクール・オブ・エコノミックスの中に、経済学国際研究センターが誕生した。これは同大学の森嶋通夫の発案によるもので、佐治はこの趣旨に賛同し、トヨタと協同して基金をつくり、その実現に尽力した。

創業九〇周年の一九八九（平成元）年には、社内に不易流行研究所を設置して、二一世紀の日本人の生活文化のありようを長期的視点で探るための調査を実施し、他の企業の生活研究所とも交流をはかり、社会への情報発信を行った。

図４－10　サントリー文化財団設立発表記者会見
出典：『日々に新たに　サントリー百年誌』より。

生活分野の一分野であるスポーツの面でも、ゴルフ・テニス・マラソンなど早くから寄付や協賛の形でさまざまな支援・振興活動を展開してきたが、一九七三（昭和四八）年に男子バレーボールチーム、一九七六（昭和五一）年に女子バドミントンチーム、一九八〇（昭和五五）年にラグビー部を結成し、スポーツ文化への貢献とともに社内のコミュニケーションアップもはかっている。

自然環境保護の分野では、一九七三（昭和四八）年に竣工した山梨県白州のウイスキー蒸留所内にバードサンクチュアリーを設けるとともに、「トリからヒトへ。生命あるものへ」、「Today Birds, Tomorrow Men」といった愛鳥キャンペーンを新聞紙上で展開した。この活動の発端は、社員のアイデアの中から生まれたものである。一九八九（平成元）年には、公益信託「世界愛鳥基金」を設定し、継続的な野鳥保護活動を推進している。一九九一（平成三）年には環境室を設置し、より本格的に地球環境問題に取り組み、一九九七年には環境方針を制定し、グループあげて省資源・省エネルギー、地球環境保護に努めることを社内外に表明し、今日の「人と自然と響きあう」を理念としたサントリーのＣＳＲ活動につながっている。

以上、佐治敬三が推進したサントリーの主な文化・社会活動を見てきたが、佐治敬三の企業家としてのフィランソロピー精神の発揮は、これにとどまらない。

大阪青年会議所、関西経済同友会、関西経済連合会、大阪商工会議所などの財界活動の経験と人脈を活かして、地域社会の発展に長く貢献した。

大阪でのアジア初の万国博覧会開催（一九七〇年）、日中国交回復前年の関西財界訪中団（一九七一年）、アジア初の国際花と緑の博覧会開催（一九九〇年）等の画期的な事業に大きな役割を果たしたが、以下では佐治敬三が関わった大阪発祥の特色ある文化・社会活動として、次の三つの団体の活動を取り上げておきたい。

①総合デザイナー協会

一九六二（昭和三七）年、建築家の佐野正一、毎日新聞社などと協力して設立した社団法人で、当初大阪のデザインの活性化を目的としたが、後に全国を視野に入れ、さまざまなデザインの仕事に関わるアーティストを組織し、デザインの向上・発展を通じて、産業と文化の振興に寄与する活動に取り組んだ。とくに、大学生や高校生を対象としたデザインコンクールは、若い人材の発掘・育成に貢献している。

②公共広告機構

一九六四（昭和三九）年以来大阪広告協会の会長をしていた佐治は、一九六九年訪米した際に、ＡＣ（AD Council）のボランタリーな社会キャンペーン広告に触れ、広告が公共分野で大いに力を発揮できることに感銘を受けた。帰国後、関西の主な広告主企業、広告業界各社、マスコミ各社等によびかけ、社団法人関西公共広告機構を設立した。公共マナーから災害支援、環境問題に至るまで幅広いキャンペーンを有志企業や各界著名人のボランティアで展開し、着実な成果をあげている。大阪から始まった活動は全国に広がり、一九七四（昭和四九）年以降は、本拠を東京に移し、現在では「ＡＣジャパン」として活発な活動を続けている。

③大阪コミュニティ財団

佐治は大阪商工会議所会頭時代に、財団活動先進国のアメリカに調査団を派遣し、アメリカの地域社会に根付いているコミュニティ財団の実情をつぶさに研究し、日本への導入をはかった。一九一一（平成三）年、大阪商工会議所が中心になって、日本ではじめての大阪コミュニティ財団が発足した。以後、企業も市民も社会貢献の志さえあれば参加できるユニークな組織として順調に発展を遂げている。二〇〇八（平成二〇）年一二月からスタートした新しい公益法人制度のもとで、日本における寄付文化の醸成が期待されており、コミュニティ財団のような市民の力を活かした民間公益活動の役割はますます大きくなるものと思われる。

以上いずれも、時代を先駆けた社会貢献活動であり、佐治の播いた種は着実に実を結びつつあると言えるであろう。

佐治敬三の多岐にわたる文化・社会活動を概観するとき、根底を貫いていた重要な考え方・思いというものがいくつか存在すると思われるので列挙したい。

ひとつは、「はじめに志ありき」ということである。父鳥井信治郎の影響でもある。ビジネスにおける「やってみなはれ」のチャレンジ精神・商人魂とともに、「利益三分主義」の精神も経営のDNAとして受け継いでいた。ただ、時代環境の相違によって異なる側面もある。信治郎が惻隠の情から発した「陰徳」を心がけたのに対し、佐治は人間としての真情の発露という点では信治郎に深く学びながらも、活動スタイルについては、よく「陽徳でもええやないか」と語っていた。善事は堂々と誇りをもって行うというのが、現代風のフィランソロピーかもしれない。

しかし、その原点に人間としてのやむにやまれぬ真情がなければ、真の社会貢献とならない。ここに民間公益活動の本来的特質がある。福祉にせよ文化にせよ、自らもっとも関心のある領域でこそ、心のこもった有益な貢献が可能となる。

第二に、「継続は力なり」ということである。佐治は、自ら始めた実に多くの文化活動・社会活動のほとんどすべてを少なくとも一〇年以上は続けている。さらに、信治郎の時代に始めた社会福祉事業や教育事業も、時代の変化に合わせて内容は変化させつつも、可能な限り維持・継承した。個人の場合、善事はささやかな一回きりの寄付であっても、心のこもったものであれば尊いものであるが、企業などが行う文化・社会活動についてはおのずから社会からの期待もあり、ある程度の継続性が求められる。そのためにも、あまり年々の企業業績に左右されない財団・社団組織や公益信託制度等を活用することが有効となる。

第三に、「企業も人の集まり」ということである。佐治は、企業という組織も決して無機的なものではなく、生きた人間の集まりであり、人間としての心をもっていると考えていた。近年、企業のガバナンスや社会的責任（ＣＳＲ）について、株主支配論からステークホルダー重視説、社会の一員＝企業市民論まで、多種多様な議論が沸き起こり、企業が行う社会貢献活動についてもその位置づけが、問われている。

サントリーのようなオーナー型企業では、企業家個人の考え方・価値観が鮮明に出しやすいという面があるかもしれないが、非オーナー型の企業であっても、その企業の経営理念・風土、経営戦略・方針を形成するのは、意思決定をおこなう経営者はじめ、企業に属する生きた人間にほかならない。そういう意味で、企業にも人格があり、個性がある。人間の顔・人間の心をもった企業の自覚に基づいた行動が、ビジネスにも社会貢献活動にも問われるのである。

二一世紀の企業へ

二一世紀も一〇数年を経た今日、サントリーは第三の創業期に直面している。佐治敬三社長の後を信治郎の孫に当たる鳥井信一郎社長が受け継ぎ、経済環境の厳しい九〇年代を乗り切り、二一世紀の幕開けとともに佐治敬三の長男佐治信忠に社長のバトンを手渡した。

佐治信忠は、鳥井信治郎の第一の創業、佐治敬三のビール事業への挑戦に始まる第二の創業に続いて、グローバル化時代の第三の創業に挑戦している。グループ中核企業のサントリー食品インターナショナルを上場し、また洋酒グローバル戦略としてアメリカのビーム社を買収し、さらにグループ全体のマネジメント強化のために創業以来初めて、創業家以外から新浪剛史社長を迎えた。いずれも果敢な決断であり、まさに「やってみなはれ」の実践と言えよう。

「人と自然と響きあう」を理念に掲げ、「水と生きるサントリー」をテーマに、ビジネス・環境・社会貢献活動を一体的に進め、新時代のサントリーグループの経営を構築しようとしている。

社会貢献活動について言えば、サントリーは、これまでの文化・社会活動に加えて、地球環境問題への取り組み、「キッズ・ドリーム・プロジェクト」を中心とした次世代の育成にも大きな情熱を注いでいる。

佐治信忠のめざす企業像は、〝Growing & Good Company〟であり、Growing Company とはまず、つねに前に向かって進む革新的な企業姿勢を示しており、Good Company とは、顧客・取引先、従業員、社会、地球環境にとっていい企業でありたいという信念を表明したものである。そこには、鳥井信治郎以来の「やってみなはれ」と「利益三分主義」が不可分に結びついた創業の精神が、企業のＤＮＡとして脈々と流れていることが確認できるのである。

これまでの一一〇数年の歴史がそうであったように、あるいはそれ以上に困難な時代がこれからも待ち受けているだろう。

サントリーのこれまでの歴史を、企業の社会貢献という視点から見てきたが、サントリーという企業はまさに、血のにじむような思いで切り開いた市場の創造と人間らしい血の通った社会貢献を同じ企業の「肉体」の不可分の行動として続けてきた。人間らしい心こそが時代が求める需要を創り出し、望ましいＣＳＲを果たす原動力である。この原点を見失わない限り、企業は社会から望まれ期待される存在として、成長・発展を続けうるだろう。

3　企業博物館という文化・社会活動

企業博物館とは

近年多くの企業が、本来のビジネス活動ではない分野で、さまざまな文化活動や社会活動を実施し、社会への貢献を行っている。そうした企業の文化活動のひとつのジャンルに企業博物館がある。

企業博物館は博物館と称していても、伝統的な博物館のイメージや博物館法で規定されるような博物館の枠ではとらえきれないものである。博物館的展示や運営のマネジメントを活用はするが、企業が一定の目的をもって自由に設置する施設であるという特徴をもっている。

ちょうど、同じ「祭り」という名前を使うイベントであっても、地域や団体が開催する文化祭や体育祭、あるいは「全国かかし祭」（山形県）や「YOSAKOI ソーラン祭」（北海道）といった現代的な祭りが、宗教的行事を核とした「祇園祭」や「天神祭」などの伝統的な祭礼行事と似て非なる面があるのと同じかもしれない。

企業博物館といっても明確な定義はない。資料の収集・保存・展示といった博物館の基本的機能をもつことにはあまり異論がないが、資料の範囲や展示の目的・対象については諸説が存在する。

たとえば、企業博物館に社業とは直接関係のないメセナ活動としての美術館的展示を含める考え方もある。そしてそれは社会貢献としては大いに価値のある文化活動にちがいないが、本節では企業経営との関わりを考察するために、「社業に関わる資料」を主に扱って活動を行うものを「企業博物館」として考察する。メセナ活動としての美術館については次章において触れたい。

また、佐々木朝登（丹精研究所）や諸岡博熊（ＵＣＣコーヒー博物館）らが強調する「展示の公開」という点については、博物館の社会貢献という面からその意義はよく理解できるし、望ましいことであるが、必ずしも必須の条件とは考えない。

ビクター・Ｊ・ダニロフ（シカゴ科学産業博物館）が指摘するように、「従業員や取引先や顧客や、さらには一般市民」に、企業の歴史や事業を紹介する場が「企業博物館」だと考えるのが妥当であろう。[19]したがって、誰にいつどのように展示を見せるかは、設置者である企業自身が決めることなのである。

以下では、全国的にみても歴史ある企業が多く、特色ある企業博物館が集積する関西地区をおもな対象として取り上げ、「博物館」「資料館」「記念館」といった施設の名称にとらわれず、「企業の歴史や事業を紹介する場」としての実態に即して考察する。

まず一九八〇年代以降増加してきた企業博物館がなぜ設置されるのかを検討し、企業博物館が企業経営に果たす意義を吟味したい。その上で、企業の博物館活動が、地域社会や日本の文化に貢献する社会的意義と役割を考察したい。

増える企業博物館

一九六〇年代の高度経済成長期、七〇年代の石油危機を経て、八〇年代の日本はようやく経済一辺倒の段階から、真の豊かな社会への転換期を迎えていた。「モノの豊かさから心の豊かさへ」を掛け声に、「文化の時代」というスローガンが叫ばれる時代となった。

企業に対しても、経済活動だけではない、社会の中の一員としての役割が問われるようになった。こうした時代の波を敏感に察知した企業は、市場だけではなくひろく一般社会とのコミュニケーションを含めて「CC（コーポレート・コミュニケーション）」という経営戦略を重視し、会社を挙げて取り組むことが普及した。他方、企業財団の設立やさまざまな寄付・支援活動によるメセナやフィランソロピー活動を通じて社会貢献活動にも力を注ぐ企業が目立つようになった。「ゴーイング・コンサーン」（継続する企業）として、持続的成長を志向する企業にとって、新しい時代・変化する社会の中で自らの存在意義を絶えず確立していくことは、事業活動の基本である。

日本は、世界的にみても歴史の長い企業が多く存在する国である。帝国データバンク社の調査（二〇〇八年）によれば、同社のデータバンクに収録されている国内約一二五万社のうち、約二万社が創業一〇〇年以上もの歴史をもつ老舗企業である。同社の老舗企業へのアンケート調査の結果をみれば、時代の荒波を乗り越えてきた多くの企業が、社是・社訓等の経営理念をバックボーンとして堅持していることが浮かび上がった。生き残る経営の指針となった経営理念に共通するキーワードは、「感謝」「勤勉」「工夫」「倹約」「貢献」の「カキクケコ」にまとめられるという。これら老舗企業の生き残りの知恵を要約すれば、「信頼の維持・向上」と「進取の気性」がもっとも重要な条件ということになる(20)。

つねに時代・社会のニーズにこたえていく変革の精神と顧客・取引先・社会の信頼を重視する姿勢こそが、企業持続の鍵だということを示している。

老舗企業と言われるほどの長い歴史はなくても、多くの企業は一〇年、二〇年といった事業の節目に、自らの発展の経路を振り返り、足元を確認するとともに、将来の進路を展望する。企業の源となった創業の「原点」と今後の発展に向けての座標の「原点」を、事業の節目に確かめるのである。その作業は社内に向けてのものだけではなく、「信頼」をより強固なものにするために社外に向かっても発せられる。

「周年記念事業」と言われるもので、祝賀・記念の社内行事を開催したり、顧客・関係先に対してさまざまな形で謝恩の意を表したり、社会に対しても記念の社会貢献事業を提供したりするのが一般的である。「周年記念事業」の出費に備えて、早くから積立金を準備する企業も少なくない。

創業あるいは創立何周年記念事業として比較的ポピュラーなのが、記念「社史」の編纂・発行である。節目の年に、それまでの歴史をまとめて形にすることは、企業の存在意義を社の内外にアピールするのに効果的だと思われる。

「日本は世界に冠たる『社史大国』である」と指摘する社史研究家の村橋勝子は、企業の社史刊行の目的として次の三点を挙げている。[21]

①経営者教育、社員教育

②資料・情報の整理・保存

③ＰＲ活動、イメージづくり

①と②が主に社内向けの目的であり、③が社外に向けての役割であろう。いずれの点に重点を置くかで、「社史」そのものの資料的正確性・網羅性、記述の内容、読みやすさ、ビジュアル性等が変わってくる。

社史ほどポピュラーではないが、企業博物館も「周年記念事業」の一環として企画されることが多い。したがって、企業博物館設立の目的も、「社史」の刊行と共通している点が多いのである。

この点をいち早く指摘したのは、一九八一年に発足した「企業史料協議会」である。同会生みの親の一人である末吉哲郎は、経団連図書館に勤務していた経験から、企業の社史を中心とした「ビジネス・アーカイブズ」の重要性を強調し、企業の歴史的資料を産業・経済界全体の視野から調査・研究する「企業史料協議会」の活動に尽力した。その際、社史などの文献資料だけでなく、設備や機器・製品などのモノ資料まで視野に収めたことは慧眼であった。

同会は、当時増えつつあった企業博物館に着目し、海外も含めた実地調査を踏まえて、国内二八五館を対象とする実態調査を行い、その結果を一九八七年に公表した。この調査結果から、次のような点が明らかになった。

①現存する企業博物館のほとんどすべてが戦後に設立されたものであること。七〇年代以降に設置されたものが多く、とくに八〇年代に急増したこと。
②設立の契機としては、周年記念事業や古い施設・記念物の活用が多いこと。
③展示内容は、創業者・事業の歩み等の歴史展示、科学・技術的展示、製品・サービスに関する文化的展示など。
④立地・スタッフ・費用・入館者数等の運営面で課題・問題点が多いこと。

以上の点は、その後の星合重男の「企業博物館戦略の研究」（一九九三年、二〇〇四年）でも確認されており、基本的に実態は変わっていない。九三年の調査では対象館数が三三五に増えているが、これは八〇年代の企業博物館の急増を反映したものであろう。

大阪万博の影響

七〇年代以降の博物館の増加は、企業博物館だけの現象ではなく、それ以外の私立博物館や、公立の博物館でも見られた。こうした博物館への社会的関心が高まるひとつの契機となったのが、七〇年に大阪で開催された万国博覧会である。

「万博」はまさに最高の博物館であり、各パビリオンが時代の先端をいく展示によって人々を魅了する。「大阪万博」は、戦後最大の国際文化イベントとして大きな成果を挙げただけでなく、初代国立民族学博物館館長の梅棹忠夫によれば、開催後に貴重な「跡地・跡モノ・跡人」を遺し、その後の地方博ブームや博物館増加の引き金を引くという役割を果たしたのである。同氏の言う「跡地・跡モノ」とは万博記念公園という文字通りの跡地の活用と、そこに残された多くの文化施設であった。その筆頭が国立民族学博物館である。従来の博物館ではあまりみられなかった利用者の視点を重視した「教育施設から文化施設へ」という同館の発想は、全国の博物館に大きな影響を与えていった。

「跡人」とは、梅棹忠夫らしい卓抜な表現だが、万博開催に携わった多彩な人材が貴重な文化的ノウハウを体得し、その後各分野で活躍することになったということを示している。博物館の分野で言えば、よりわかりやすくより楽しい見せ方が工夫され、たんなるモノの「陳列」から、モノと情報による「展示」へと進化していくことになる。

図4-11　大阪企業家ミュージアム
出典：大阪企業家ミュージアムパンフレットより。

関西では、「万博」後の博物館関連の動きとして、国立民族学博物館とともに「産業（技術）史博物館」設立構想があった。わが国の産業史あるいは産業技術史の拠点となるような国立の博物館を関西に誘致しようというもので、梅棹や産業技術史の専門家吉田光邦らが立案の中心となり、関西の経済界と協力して国に要望したが、実現には至らなかった。構想は実らなかったが、こうした機運は、関西の経済界という土壌に文化的な種を播き、後に違った形で実りをもたらすことになる。二つの例を挙げよう。

そのひとつが九〇年代に大阪商工会議所を中心に検討された「商業博物館構想」である。大阪の企業家精神に焦点を当てた類のない産業博物館を設立しようという案であった。経済界だけでなく、行政・学界などの各界専門家を巻き込んで検討を重ね、二〇〇一年に大阪商工会議所一二〇周年記念事業の柱として「大阪企業家ミュージアム」という形で実現した。

この博物館は、近代以降大阪を舞台に活躍した企業家・経営者の業績と思想を時代背景とともにひろく一般にわかりやすく展示・紹介するとともに、企業家の生の姿を伝える映像記録をはじめとする充実したライブラリーをもち、事業を志す人材にヒントと刺激を提供する場ともなっている。また宮本又郎大阪大学名誉教授を中心に「企業家研究フォーラム」という学会を組織して、学界・経済界を交えた活発な研究活動も展開している。「大阪企業家ミュージアム」は、企業家と企業家精神をテーマとした大阪らしいユニークな産業博物館として、異彩を放っている。

もうひとつの例が、同じ九〇年代に関西経済連合会が中心となって開催した「関西ミュージアム・メッセ」である。これは、ヨーロッパやアメリカで行われているもので、ミュージアム・展示などの関連の事業者・関係者などが一堂に会するミュージアムの見本市である。

筆者もスタッフの一員として参加していた関西経済連合会の文化委員会で、アドバイザー役を務めていた端信行国立民族学博物館教授（当時）の提案で、一九九七年に実現した。日本初の試みでイベントの成否が懸念されたが、関係各界・マスコミ等の反響もよく、マイドーム大阪を会場にして、三日間に約六〇〇〇人の入場者を集めてまずまずの盛況であった。

企業博物館を中心に民間の美術館も含めて関西地区二四館のミュージアムが、それぞれのブー

図4－12　関西ミュージアム・メッセ
出典：「関西ミュージアム・メッセ'97記録写真」より。

スに「目玉の一品」を並べて参加し、ミュージアム関連の四一社が最新の展示ノウハウを公開して、活発な情報交換の場となった。二〇〇〇年には第二回のメッセが開催され、国・公立のミュージアムも含めて三六館が出展し、総入場者数も一万五〇〇〇人を超えた。

メッセ開催の何よりの成果は、関西に存在する特色ある企業ミュージアムの集積の再認識と、ミュージアム相互の交流がはかれたことであった。これを機に、関西ではミュージアムのネットワーク化が進み、たとえば関西広域連携の文化プロジェクトの一環として、「関西文化の日」というテーマで関西地区の博物館・美術館のネットワークに基づいた観光文化イベントが定着している。

関西の企業博物館

企業史料協議会の九五年版の「全国企業博物館・展示館一覧」（「企業と史料」第二集）では、全国三九七館の所在地と開館年が示されている。地域別に見てみると、北海道一六、東北二八、関東一一〇、中部九六、近畿九〇、中国一九、四国一四、九州二四となっており、ある程度企業の数を反映しているものと思われる。とくに京浜、中京、京阪神の三地区に集中している。府県別にみると、東京都五七、神奈川県一四、愛知県三六、岐阜県一〇、京都府二一、大阪府二六、兵庫県二四で、京都・大阪・兵庫三府県の合計と東京都・神奈川県の合計がともに七一館で同数となっている。(22)

関西の主な企業博物館を九五年以降に開設されたものも含めて、筆者なりにまとめたものが表4－2である。

業種は各分野にわたっているが、製造業、中でも衣・食・住等の生活関連と電機・機械関係の企業博物館が目立っている。表中の「設置年等」欄には確認できたものを何周年記念等と記したが、歴史の長い企業では、周年記念事業や事業所移転等の際の歴史的な記念物・施設の活用策として設置されたものが多い。

今世紀に入ってからも、新しい企業博物館が増えており、二〇一三年に創業一〇〇周年を迎えた農機具メーカーのヤンマーは、創業者ゆかりの地滋賀県長浜市に大規模な記念ミュージアムを設立し、地域の文化にも貢献している。清掃関連事業とドーナツチェーンを展開するダスキンは、二〇一五年、創業の地大阪府吹田市に、同社の歴史と「掃除とドーナツ文化」を知る体験型のミュージアムをオープンしている。

表4－2　関西の主な企業博物館

業　種	企　　業	施　　設	所在地	設置年等
食品・飲料	江崎グリコ	江崎記念館	大阪市	1972年（創業50周年）
		グリコピア神戸	神戸市	1988年
	日清食品	インスタントラーメン発明記念館	池田市	1999年
	御座候	あずきミュージアム	姫路市	2009年
	大阪糖菓	コンペイトウ・ミュージアム	堺市，八尾市	2003年
	エーデルワイス	エーデルワイスミュージアム	尼崎市	2009年
	UCC 上島珈琲	UCC コーヒー博物館	神戸市	1987年
	ヒガシマル醤油	うすくち龍野醤油資料館	たつの市	1979年
	角長	角長の職人蔵	和歌山県湯浅町	1983年
	高嶋酒類食品	こうべ甲南　武庫の郷	神戸市	1985年
	菊正宗酒造	菊正宗酒造記念館	神戸市	1960年
	沢の鶴	「昔の酒蔵」沢の鶴資料館	神戸市	1978年
	白鶴酒造	白鶴酒造資料館	神戸市	1983年
	白鹿酒造	白鹿記念酒造博物館	西宮市	1982年（創業320年）
	月桂冠	月桂冠大倉記念館	京都市	1982年（創業350年）
	キンシ正宗	キンシ正宗　堀野記念館	京都市	1998年（平安建都1200年）
	サントリー	山崎蒸留所　ウイスキー館	大阪府島本町	2000年
	河内ワイン	河内ワイン館	羽曳野市	1997年
建設・住宅	竹中工務店	竹中大工道具館	神戸市	1984年（創立85周年）
		竹中歴史資料展示室	神戸市	2004年（創立105周年）
	大林組	大林組歴史館	大阪市	2001年（創業110周年）
	奥村組	奥村記念館	奈良市	2007年（創業100周年）
	大和ハウス	石橋信夫記念館	奈良市	2007年（創業50周年）
繊維・衣料	ユニチカ	ユニチカ記念館	尼崎市	1959年（創業70周年）
	グンゼ	グンゼ博物苑	綾部市	1996年（創業100周年）
	川島織物	川島織物文化館	京都市	1984年（創業140周年）
	ワコール	ミュージアム　オブ　ビューティ	京都市	1999年
	しょうざん	しょうざん光悦芸術村	京都市	1975年
	じゅらく	じゅらく染色資料館	京都市	1968年
	川口織物	手作りの里　金剛苑	滋賀県愛荘町	1981年
化学・薬品	日本ペイント	日本ペイント歴史館	大阪市	1981年（創業100周年）
	ダイセル化学工業	ダイセル異人館	姫路市	1989年
	荒川化学	荒川歴史館	大阪市	2006年（創業130周年）
	クラブ化粧品	文化資料室	大阪市	2006年（創製100周年）
	マンダム	資料館「マンダム　ワールド」	大阪市	2008年
	三光丸	三光丸　クスリ資料館	御所市	1991年
	川崎重工	カワサキ・ワールド	神戸市	2006年

電気・機械	パナソニック	パナソニック　技術館	門真市	1969年(創業50周年)
		松下幸之助　記念館	門真市	1968年(創業50周年)
		松下資料館	京都府木津町	1995年(幸之助生誕100年)
	シャープ	シャープ歴史ホール・技術ホール	天理市	1981年(創業70周年)
	島津製作所	島津創業記念資料館	京都市	1975年(創業100周年)
	オムロン	コミュニケーションプラザ	京都市	2000年
	シマノ	自転車博物館サイクルセンター	堺市	1992年
	ダイハツ	ヒュー・モビリティワールド	池田市	2007年(創立100周年)
	ヤンマー	ヤンマーミュージアム(※)	長浜市	2013年(創業100周年)
	山岡金属工業	たこ焼きミュージアム	守口市	2006年(創業50周年)
	島精機製作所	フュージョンミュージアム　ニット×トーイ	和歌山市	2008年
	音羽電機工業	雷ミュージアム(テクノロジーセンター)	尼崎市	2008年
その他製造	京セラ	京セラ　ファインセラミック館	京都市	1998年
	石野瓦工業	瓦歴史資料館	天理市	1991年
	ザ・パック	包装資料館	東大阪市	1981年
	象印マホービン	まほうびん記念館	大阪市	2008年(創業90周年)
	ミズノ	スポートロジーギャラリー	大阪市	1992年
	アシックス	アシックス　スポーツミュージアム	神戸市	2009年(創業60周年)
	イトーキ	イトーキ史料館	大阪市	1990年(創業100周年)
	コクヨ	大阪ショールーム	大阪市	1978年
	イシダ	ハカリ小歴史館	京都市	1976年(創立90週年)
	広栄社	つまようじ資料室	河内長野市	1990年(創立73周年)
エネルギー	関西電力	エル・シティ・ナンコウ	大阪市	1991年
		神戸らんぷミュージアム	神戸市	1999年
	大阪ガス	ガス科学館	高石市	1982年
		姫路・ガスエネルギー館	姫路市	1985年
		生活誕生館 DILIPA	吹田市	1991年
運輸	阪急電鉄	小林一三記念館	池田市	2010年
	JR 西日本	交通科学博物館	大阪市	1968年(大阪環状線開通記念)
		梅小路蒸気機関車館	京都市	1972年(鉄道開業100周年)
商業・金融	高島屋	高島屋史料館	大阪市	1970年(株式会社設立50周年)
	伊藤忠商事	伊藤忠兵衛記念館	滋賀県豊郷町	2002年(伊藤忠兵衛100回忌)
	尼崎信用金庫	世界の貯金箱博物館	尼崎市	1984年(合併10周年)
		尼信会館	尼崎市	1984年(合併10周年)
	滋賀銀行	しがぎん貨幣資料室	大津市	1988年
サービス	ダスキン	ダスキンミュージアム(※)	吹田市	2015年

出典：2011年筆者調べに，一部（※）追加。

博物館を設置する企業の規模もさまざまで、山岡金属工業の「たこ焼きミュージアム」や音羽電機の「雷ミュージアム」などは、工場や研究施設の見学を兼ねたユニークな施設となっており、荒川化学の「荒川歴史館」や広栄社の「つまようじ資料室」などは、規模は小さくてもそれぞれの分野の貴重な資料を展示する博物館として存在意義が高い。

展示内容は、大きく分けると①企業の歴史や創業者の事跡を中心にした歴史・史料館的なものと、②事業・製品に関連する技術や文化情報を発信する施設になる。実際には、さまざまな展示や機能が混じった複合型の施設もあるが、以下では、実地調査・ヒアリングを行ったものの中から、それぞれのタイプの代表的な博物館を取り上げ、その特色を見てみよう。

歴史・史料館型

このタイプには、ⓐ創業者・経営者個人に焦点をあてたものと、ⓑ事業・経営の発展史にウェイトを置いたものがある。

前者の例としては、パナソニックの「松下幸之助記念館」、阪急電鉄の「小林一三記念館」、大和ハウスの「石橋信夫記念館」などが典型的である。

「松下幸之助記念館」は、同社創業五〇周年記念事業として一九六八年に開館した。建物は一九三三年門真市に建設された本社社屋を復元したもので、歴史的雰囲気を漂わせる外観である。

展示は、創業者松下幸之助の生涯をたどるもので、同社の出発点となった作業所を復元したものや初期の「二股ソケット」「自転車用ランプ」から、戦後の「三種の神器」と言われた家電製品まで、現物を見ながら工夫と開発の跡がわかるようになっている。

同社得意のオーディオ・ビジュアル技術を効果的に使って、松下幸之助の往時の姿や肉声に接することができるのが特色で、来館者にも人気がある。同館は、世界的に有名な創業者をテーマ

図4－13　松下幸之助記念館

出典：『大阪商業大学商業史博物館紀要』13号，2012年より。

図4－14　小林一三記念館（雅俗山荘）

出典：『大阪商業大学商業史博物館紀要』13号，2012年より。

としているだけに年間数万人の入場者を数え、しかもその半数が社外一般の見学者だという。近年はアジアを中心とした海外からの来客もふえている。

また社内では、グループ各社の社員がリピーターとして来場することも多く、創業の原点と会社の歴史を自発的に学ぶ社内研修施設としての役割を果たしている。

「小林一三記念館」は、阪急電鉄の創始者小林一三の旧邸「雅俗山荘」を活かして二〇一〇年にオープンした。大阪府池田市にあってやや都心からは離れているが、国指定の登録有形文化財に指定された長屋門や建物・茶室をはじめ庭園やレストランもあり、個人記念館としては申し分のない佇まいである。

図4-15　石橋信夫記念館

出典：石橋信夫記念館パンフレットより。

個人宅を活かした館内は、コンパクトながらも、鉄道・住宅開発・百貨店・宝塚歌劇・映画・演劇等多彩な都市型ビジネスを数多く生み出し、多方面で活躍した企業家小林一三の軌跡を、当時の資料や写真、映像、ジオラマ等で紹介していて見ごたえのある展示となっている。すぐ近くには、小林一三ゆかりの「逸翁美術館」「池田文庫」もあって、いずれも阪急文化財団が運営しており、全体として阪急電鉄の文化・社会活動の一翼を担っている印象を受ける。

創業の原点とグループの経営理念を守り、偉大な企業家の志を受け継いで、次代あるいは社会に向けて発信しようとしている点で「松下幸之助記念館」に通じるものがある。

「石橋信夫記念館」は大和ハウス工業の創業者の人生と業績をテーマとした記念館で、同社創立五〇周年を記念して二〇〇七年に開館した。奈良市郊外の同社総合技術研究所の敷地内にあるため、来館者の多くは同研究所の見学者か、大和ハウスのグループ企業の社員である。

館内は、石橋信夫の夢をテーマに、「出会いの間」「偲びの間」「感謝の間」といったコーナーごとに、ゆっくり親しみをもって見学できる展示が工夫されていて、企業家石橋信夫の人柄がうかがえる記念館となっている。「偲びの間」では、「松下幸之助記念館」同様、映像や音声によって入館者が、石橋信夫のメッセージにダイレクトに接することができるようになっている。

以上の三館とも、優れた創業者の理念と業績を目に見える記録として残し、自社の次世代に受け継ぎ、また社会にも発信する役割を果たしている。実際、三人とも「大阪企業家ミュージアム」でも取り上げられている著名な人物であり、企業・業界を超えて社会に貢献した企業家として、その貴重な足跡を見える形にして遺すことは、社会的にも意義のあることである。

次に、ⓑ事業・経営の発展史にウェイトを置いたものは、特別に創業者個人だけに焦点をあてるのではなく、企業全体の歴史をテーマとしたもので、歴史展示型ではこのタイプのほうが一般的である。このタイプの博物館でも、企業史の中における創業者の役割は大きいので、ウェイトの軽重はあっても、創業者に関するなんらかの展示がなされている場合が多い。

この分野では、歴史の長い日本酒メーカーの歴史館・史料館が多いのが関西のひとつの特長であるが、ここでは江崎グリコの「江崎記念館」と竹中工務店の「竹中歴史資料展示室」を例に取り上げる。

江崎グリコは、神戸市に「グリコピア神戸」という工場見学との一体型の施設も有しているが、歴史展示型としては大阪市の本社敷地内に、一九七二年、創業五〇周年を記念して「江崎記念館」を設立している。

図4－16　江崎記念館
出典：江崎記念館パンフレットより。

「グリコピア神戸」が、工場見学を兼ねた一般来場者が年間数万人を数えるオープンな施設であるのに対して、「江崎記念館」は社員のための研修施設という性格をもっている。展示は、同社の歴史をたどるものだが、創業者江崎利一の存在は大きく、彼個人に関する部分もかなり大きな比重を占めていて、ⓐ型の個人記念館的色彩も強い。

ただ、館内は創業時の展示だけではなく、その後の同社発展の歩みを、製品の変遷や広告戦略、グリコ独特の豆玩具等を取り上げて、興味深く紹介している。本社敷地内という立地もあって、社員教育には効果的に利用されているようである。

竹中工務店は、一九八四年に創立八五周年を記念して、同社ゆかりの地神戸に設立した「竹中大工道具館」という日本の産業技術史的にも高い評価を得ている貴重な博物館を運営している。企業の文化貢献活動としても優れたものであり、二〇〇八年には企業メセナ協議会からも顕彰されている。二〇一五年には、新神戸に移転し、さらに充実した展示施設として新築オープンした。

同社の創業は四〇〇年以上も前の一六一〇年にまでさかのぼる。その長い歴史で培われた伝統の精神を後世に伝えるべく、創立一〇五周年にあたる二〇〇四年に「竹中歴史資料展示室」を神戸市にある同社研修センター内に設置した。当施設の役割は、同社の歴史資料の収集・保存と、社内研修を通じて伝統の「技と心」を明日を担う世代へ継承することとなっている。当展示室は通常は非公開で、「企業の、企業自身による、企業自身のための」企業博物館のひとつの典型と言ってよいだろう。

展示室内は、同社が手がけた「作品」と呼ぶこれまでの歴史に残る建築を中心に、眼で見、肌で感じる「社史」といった観があり、その歴史の重みに社員でなくとも圧倒される。日本における建築事業史、企業経営史上も意義のある資料館と言える。

以上、歴史・史料館タイプの企業博物館の例を、創業者個人に焦点を当てたⓐ型と企業の発展史にウェイトを置いたⓑ型に分けてみてきた。いずれの館にも共通するのは、企業の今後の方向の展望と未来を担う世代の育成のために、創業の原点と創業以来の成長の歩みを企業博物館という道具をつかって、企業の内外に「見える化」しようという試みである。

技術・文化情報発信型

歴史・史料館タイプの企業博物館が主として社内向けの活動を目的としているのに対して、情報発信型の企業博物館は、社外とくに顧客や一般社会にも眼を向けた活動を行う。したがってほとんどの館が公開され、誰でも気軽に見学できる施設が多い。

企業の業種によって、ⓒ科学・技術面に重点をおいたタイプと、ⓓ製品にまつわる文化的な面を中心にしたタイプがある。前者の例では、島津製作所、京セラ、シャープなどの機械・器具メーカーが、自社が開発してきた高度な技術を一般の見学者にも理解できるように展示・情報発信を行っている。後者のタイプでは、ＵＣＣコーヒー博物館や尼崎信用金庫の「世界の貯金箱博物館」などが好例である。

ⓒタイプの例として日清食品と象印マホービン、ⓓタイプの例としてシマノとアシックスを見てみよう。

日清食品の「インスタントラーメン発明記念館」は、インスタントラーメン発祥の地大阪府池

図 4-17　インスタントラーメン発明記念館

出典：インスタントラーメン発明記念館パンフレットより。

田市に一九九九年オープンした。インスタントラーメン生みの親安藤百福氏の発明の場となった「実験小屋」も再現展示されており、ⓐタイプの創業者記念館の側面も備えている。

全体的には、同社の製造技術の改善・革新の歴史が広いフロアーを使って展示されており、インスタントラーメンを発明したヒントやその後のカップヌードルなどの画期的製品創造のプロセスが子供にもわかるように興味深く紹介されている。さらに手作りの体験工房もあって、楽しく学べる施設となっている。

象印マホービンの「まほうびん記念館」は、創立九〇周年事業として、二〇〇八年に大阪市内の同社本社ビル一階に開館した。それほど広いスペースではないが、まほうびんの基本である「真空技術」を中心に、九〇年間のサーモテクノロジーの発展と製品開発の歩みを、映像・パネル展示・体感コーナーなどを使ってスマートに表現している。

ⓓタイプである文化情報発信型の「自転車博物館サイクルセンター」は、自転車部品メーカーのシマノが、地元堺市の協力を得て自転車製造業のまち堺のシンボルとして、一九九二年に開設

したものである。運営は同社が設立した財団が担当している。

展示は、一企業の事業範囲を超え、世界の自転車の歴史を視野に収めた、自転車文化の殿堂になっている。クラシック自転車から、最新のオリンピック出場車まで現物が展示され、クラシック自転車のレプリカに乗車体験する企画やさまざまなセミナーや自転車こども絵画展などを通じて地域との交流活動を活発に展開している。

図 4-18　自転車博物館サイクルセンター
出典：筆者撮影。

「アシックス　スポーツミュージアム」は、創業六〇周年記念事業として、二〇〇九年に神戸市の同社本社ビルに隣接して開設された。企業博物館としては広いスペースをもち、二階が創業以来の歴史展示、一階が最新の展示技術を駆使した、スポーツの魅力に触れるフロアーとなっている。「走る・跳ぶ・投げる」をテーマに、トップアスリートの迫力が実感できるように工夫されている。また、クラフトルームが設けられていて、スポーツ関連の学習・絵画展・ミニチュアシューズづくり体験などにより、地域の文化活動の拠点としての役割も果たしている。

以上のように、事業の性格により技術、文化という分野の違いはあっても、情報発信型の企業博物館は、歴史・史料館型に比べ、より地域社会とのコミュニケーションに力を注いでいると言えるだろう。

企業博物館の役割

中牧弘允は編著『企業博物館の経営人類学』の中で、「企業博物館は会社がもっとも大切にしているものをならべる施設である。そこを訪問すると、最初のヒット商品、最初のモデル製品、一号機や初代工場の写真や模型、最新式製造過程の解説パネルやVR（バーチャル・リアリティー）装置、創業者の肉筆や肉声、創業当時の幹部や歴代社長のプロフィール、社是・社訓の紹介、表彰状やトロフィー、それに創業者の銅像などが否応なく目に入ってくる」と描写して、企業博物館を人類学的視点から、会社の先祖や聖なる品々を祭る「神殿」に喩えている[23]。「歴史展示」も「事業・製品展示」も、それぞれ従業員や社会からの「尊敬」を得るという点で、象徴的に「神殿的」役割を果たしているという指摘である。

すでに見てきたように、企業博物館の多くが周年記念事業の一環として事業の節目に設立され、新入社員を含めた社員教育や顧客・取引先とのコミュニケーション、さらには一般社会におけるイメージアップに活用されている点を考慮すれば、企業博物館の役割を象徴的に捉えた興味深い示唆である。

企業経営の観点から見れば、企業の「原点」とも言える創業の精神と、これまでの成長・発展の「軌跡」を眼に見える形で示すものであり、「コーポレート・アイデンティティ」のシンボルでもある。それはまた、経営者・従業員にとって、将来に向けての経営の指針・活動の糧を汲み取る源泉ともなりうるだろう。

もちろん、いくら立派な「神殿」をつくっても、その後の適切な「ヒト・モノ・カネ」といった経営資源の投入や、使命に沿った運営が維持されなければ「仏つくって魂入れず」で宝の持ち腐れになってしまう。ＵＣＣコーヒー博物館の館長であった諸岡博熊は、企業の博物館という枠を超えて社会に貢献する文化施設としてのマネジメントの確立に情熱を注ぎ、企業博物館の使命に沿った運営という面で、他の企業博物館にも多くの刺激と影響を与えた。

本節で取り上げた各博物館は、規模の大小にかかわらず、それぞれの使命に基づいたマネジメントが機能して活用されている例であろう。なにより重要なのは、企業のトップが企業博物館の意義を認識し、経営の中でその役割を明確に位置づけていることだろう。

最後に、企業博物館の社会的役割について、以下の三点を強調しておきたい。

第一に、企業博物館のアーカイブズ機能としての社会的意義の評価と活用である。

歴史展示をもつ企業博物館の多くは、企業の歴史資料の収集・保存・研究活動も担っている。それは、すでに述べたようにその企業自身にとって価値のあるものであるが、それだけにとどまらない。わが国の産業史・経営史的観点から見ても、そこにしかない貴重な資料を有するものが多数存在する。

「ゴーイング・コンサーン」を志向する企業とはいえ、経済・社会環境の変化や競争の結果による合併・吸収・撤退等の事態に直面することもありうる。企業と運命を共にする企業博物館にも浮沈があるのは否めない。現に、新設される企業博物館が増える一方で、諸般の事情により休館・閉館するものも後をたたない。

産業文化の観点からも、貴重な資料が散逸・消滅しないように、さまざまな対策を講じることも重要であろう。国による産業史博物館は実現していないが、同じ業界に属する企業間の連携・協力により、産業・経営のアーカイブズを保存・維持する施設は関西にもいくつか存在する。代表的なものに、大阪の製薬業界が協働して維持・運営する「くすりの道修町資料館」がある。江戸時代から続く薬の町の貴重な歴史資料を保存・展示する資料館として存在意義は大きい。

また、三洋電機の創業者井植歳男やダイエーの創業者中内㓛を記念する資料館が、創業家が設立した財団や関係の大学の手で運営されているのも意義あることである。

神戸市垂水区にある井植歳男記念館を運営する公益財団法人「井植記念会」は、創業者の足跡を示した資料展示だけでなく、井植文化賞の制定や奨学金、文化講座やコンサートの開催などにより、地域社会に文化貢献を続けている。三洋電機は、本社が所在した守口市に充実した企業ミュージアムを設けていたが、二〇一〇年のパナソニックによる吸収・子会社化に伴い、同ミュージアムは閉鎖された。しかし、創業者が設立した財団は公益法人として存続しており、企業家の社会貢献活動のひとつのあり方を示している。

大阪商工会議所が中心となって実現した「大阪企業家ミュージアム」は、大阪で活躍した企業家のアーカイブズを大阪経済界の共有財産として構築するもので、他に類を見ない先駆的な活動である。

今後は、個々の企業博物館のネットワークだけでなく、業界や経済界さらには学界や行政との協働の輪を広げ、産業のあるいは地域の文化資源として企業アーカイブズを活かすことが、企業博物館の社会的役割を増すことにつながるだろう。

第二に、企業博物館自身が社会的役割を意識した上での、すなわち一般の利用者の視点を視野に入れたマネジメントの確立である。

企業博物館が価値ある文化施設として社会に貢献するためには、展示をオープンにするだけではなく、質・レベルを保証する専門性が問われるし、さらに活動の継続性も必要となるだろう。そのためにはスタッフ・財源・施設の確保等が課題となる。いくつかの企業では、博物館を財団法人として組織的に独立させ、専門性・継続性・公益性の維持に努めている。表4－1に掲げたものの中では、インスタントラーメン発明記念館（安藤スポーツ・食文化振興財団）、竹中大工道具館、松下資料館（松下社会科学振興財団）、自転車博物館サイクルセンター、小林一三記念館（阪急文化財団）、交通科学博物館・梅小路蒸気機関車館[24]、伊藤忠兵衛記念館などが財団法人によって運営されている。

こうした組織の独立化によって、博物館としての専門性とマネジメントの確立をはかることもひとつの方法であろう。

第三に、企業博物館の特性を活かした社会へのアプローチの工夫である。

企業博物館は、企業の事業所内に立地していることが多く、一般の利用者の見学・利用には必ずしも便利とは言えない。けれども近年、インターネットのホームページで博物館の内容を開示したり、ウェブ上にバーチャルなミュージアムを公開したりして、企業博物館へのアクセスを容易にする試みがなされている。IT技術の効果的な活用により、中身も充実したものが多く、社会にとっても有益な資料・情報の開示・提供となっている。こうした動きが今後いっそう多くの企業に広がることが望まれる。

また情報発信型の企業博物館のところで述べたように、すでに多くの博物館が地域の文化施設として、地域社会への貢献活動を実践している。利用者の視点に立ったホスピタリティのある博物館運営こそ、民間施設である企業博物館のお家芸でなければならない。心のこもったアートマネジメントを確立し、博物館のみならず他の文化施設やイベントにも刺激を与え、地域文化ひいては日本の文化活動の活性化に寄与することが企業博物館の社会的使命として期待されるのである。

いい博物館であるかどうかは、①いかに設立の思いや志のこもったテーマをもつか、②いかに価値ある資料・素材を集め、編集するか、③いかに楽しく魅力的にプロデュースするかにかかっている。言い換えれば、①なぜ（ＷＨＹ）②何を（ＷＨＡＴ）③どのように（ＨＯＷ）展示するかということである。

「テーマ・編集・プロデュース」を通じて、設立者とスタッフと利用者が心を通わせたとき、文化施設としての博物館が輝くのである。そしてもっとも大切なのが、ＷＨＹつまりなぜその施設をつくるのかという、設立にこめられた熱い思いなのである。何を（ＷＨＡＴ）、いかに（ＨＯＷ）見せるかという前に、なぜ（ＷＨＹ）その博物館が社会に存在するかが問われるのである。

付　記

企業博物館でのヒアリングでは、各企業および博物館の担当の諸氏にお世話になった。以下に掲名して感謝したい。

（役職は訪問当時のもの）

大阪企業家ミュージアム　　事務局長　興津厚志

松下幸之助記念財団　専務理事　田口忠晴
松下幸之助歴史館　事務局長　川本喜弘
阪急文化財団　副館長　恩田幸敏
江崎グリコ　事務局長　弥谷忠二郎
母子健康協会　専務理事　深川修二
竹中工務店　企画室課長　松本始
安藤スポーツ・食文化振興財団　事務局長　武尾豊
象印まほうびん記念館　館長　粟津重光
シマノ・サイクル開発センター　事務局長　中村博司
アシックス　スポーツミュージアム　館長　藤田和彦

取り上げた企業博物館の多くは、筆者が主宰した「企業の社会貢献研究会」（二〇〇八〜二〇一二年）の調査の一環として訪問したものである。同研究会メンバー諸氏との議論も参考とした。

注

（1）長坂寿久『企業フィランソロピーの時代』日本貿易振興会、一九九一年、第2章。
（2）ACジャパン「ホームページ」二〇一五年参照。
（3）みちのく未来基金「みちのく未来基金設立の記録」二〇一一年。
（4）関西経済連合会「企業と社会の新たなかかわり方」二〇〇一年。

（5）経済同友会「第一五回企業白書『市場の進化』と社会的責任経営」二〇〇三年。
（6）日本経済団体連合会「二〇〇五年度社会貢献活動実績調査結果」二〇〇六年。
（7）小倉昌男『福祉を変える経営』日経ＢＰ社、二〇〇三年。
（8）坂本光司『人を幸せにする会社』ディスカバー、二〇一二年。
（9）宮本又郎「会社は誰のものか」『アステイオン』一三号、一九九二年。
（10）サン・アド編『やってみなはれ　サントリーの70年Ⅰ』サントリー株式会社、一九六九年、二〇四頁。
（11）石川健次郎他著『日本の企業家３　昭和篇』有斐閣、一九七八年、一八九頁。
（12）小笠原慶彰「大阪の社会事業の史跡」大阪ボランティアセンター『ウォロ』三八九号、二〇〇三年一〇月号、二一頁。
（13）石川健次郎他著『日本の企業家３　昭和篇』有斐閣、一九七八年、二〇五頁。
（14）佐治敬三『へんこつ　なんこつ』日本経済新聞社、一九九四年、一八〇〜一八三頁。
（15）サン・アド編『やってみなはれ　サントリーの70年Ⅰ』サントリー株式会社、一九六九年、三三頁。
（16）鳥井信治郎「道しるべ」サントリー社内報『まど』一九五九年三月、六五頁。
（17）『日々に新たに　サントリー百年誌』サントリー株式会社、一九九九年、九八頁。
（18）佐治敬三『へんこつ　なんこつ』日本経済新聞社、一九九四年、二〇五頁。
（19）企業博物館の定義については、中牧弘允・日置弘一郎編『企業博物館の経営人類学』東方出版、二〇〇三年、二〇〜二一頁参照。
（20）帝国データバンク『百年続く企業の条件』朝日新聞出版、二〇〇九年参照。
（21）村橋勝子『社史の研究』ダイヤモンド社、二〇〇二年参照。

(22) 企業史料協議会『企業と史料』第二集、一九八七年参照。

(23) 中牧弘允・日置弘一郎編『企業博物館の経営人類学』東方出版、二〇〇三年参照。

(24) JR西日本の交通科学博物館・梅小路蒸気機関車館の両館は、統合して二〇一六年に「京都鉄道博物館」として再オープンする。

参考文献・資料

伊木稔「都市の中の文化施設」都市問題研究会『都市問題研究』四八巻一号、一九九六年。

石森秀三『博物館概論』放送大学教育振興会、一九九九年。

今田忠『概説市民社会論』関西学院出版会、二〇一四年。

今田忠編『日本のNPO史』ぎょうせい、二〇〇六年。

岩井克人『会社は誰のものか』平凡社、二〇〇五年。

大塚和義『博物館学I』放送大学教育振興会、一九九四年。

川添登・山岡義典編『日本の企業家と社会文化事業』東洋経済新報社、一九八七年。

関西経済連合会『ミュージアム・メッセ事始め』二〇〇一年。

企業史料協議会『企業と史料』第二集、一九八七年、第五集、一九九五年、第七集、二〇一一年。

公益法人協会「公益法人の四〇年と今後の展望」二〇一三年。

小玉武『『洋酒天国』とその時代』筑摩書房、二〇〇七年。

小玉武『佐治敬三――夢大きく膨らませてみなはれ』ミネルヴァ書房、二〇一二年。

作道洋太郎『近代大阪の企業者活動』思文閣出版、一九九七年。

作道洋太郎『関西企業経営史の研究』御茶の水書房、一九九七年。

サン・アド編『やってみなはれ　サントリーの70年Ⅰ』サントリー株式会社、一九六九年。

サン・アド編『みとくんなはれ　サントリーの70年Ⅱ』サントリー株式会社、一九六九年。

サントリー株式会社『夢大きく　サントリー90年史』サントリー株式会社、一九九〇年。

サントリー株式会社『日々に新たに　サントリー百年誌』サントリー株式会社、一九九九年。

サントリー不易流行研究所『変貌するミュージアム』一九九三年。

サントリー株式会社『佐治敬三追想録』二〇〇〇年。

佐治敬三『へんこつ　なんこつ』日本経済新聞社、一九九四年。

『週刊東洋経済』（人を活かすCSR経営）二〇〇七・一・三一号。

助成財団センター編『民間助成イノベーション』助成財団センター、二〇〇七年。

新訂『企業博物館事典』日外アソシエーツ、二〇〇三年。

杉森久英『美酒一代　鳥井信治郎伝』毎日新聞社、一九八三年。

鷹野光行他編『新編博物館概論』同成社、二〇一一年。

谷本寛治『CSR』NTT出版、二〇〇六年。

帝国データバンク『百年続く企業の条件』朝日新聞出版、二〇〇九年。

中牧弘允・日置弘一郎編『企業博物館の経営人類学』東方出版、二〇〇三年。

林雄二郎・山岡義典編『フィランソロピーと社会』ダイヤモンド社、一九九三年。

廣澤昌『新しきこと　面白きこと　サントリー・佐治敬三伝』文藝春秋、二〇〇六年。

星合重男ホームページ「企業博物館戦略の研究」一九九三年、二〇〇四年。

宮本又郎『企業家たちの挑戦』中央公論新社、一九九九年。
宮本又郎『日本企業経営史研究』有斐閣、二〇一〇年。
村橋勝子『社史の研究』ダイヤモンド社、二〇〇二年。
諸岡博熊『企業博物館』東京堂出版、一九九五年。
諸岡博熊『みんなの博物館』日本地域社会研究所、二〇〇三年。

終章　志が支えるもの――「民からの公共」から「民による文化へ」

企業家の文化貢献

第三〜四章では、近・現代における企業家の社会貢献活動を、文化分野を中心に見てきた。文化活動はその範囲が多岐にわたり、支援の方法も一様ではなく、個人の思いや志が鮮明に浮かび上がる。

その対象は、文学・演劇・音楽・美術・映像等の芸術から、祭り・芸能・スポーツ、衣食住などの生活文化に至るまで幅広く、貢献活動も先端的な芸術文化活動への支援から、文化を享受する機会を多くの人に提供することに寄与する営みまで多様である。ジャンルを選び、活動方法を工夫することによって、文化貢献の具体的な意図が明確となる。社会貢献の根底にあるものは、他者への思いを原点とした自発的で心のこもった活動であろう。

他方、中・近世における大商人に対する「有徳人」のつとめや西洋の「ノブレス・オブリージュ」という思想には、富める者・位高き者がもつべき社会的責務といったニュアンスが含まれている。それは今日の企業のCSR活動の「ソーシャル・リスポンシビリティ」にも通じるものがある。

社会の一員としての応分の責務の一つとして税があるが、それ以上の経済的社会貢献は通常寄付という形で行われる。第一章で触れたように、寄付の原型は宗教的慈善・喜捨や勧進・贈与などの自覚的・自発的行為であった。

しかしながら貧富の差が拡大した社会においては、富める者・位高き者に対する社会的要請としての寄与・貢献が期待され、祭礼などの奉加帳による寄付集めのように半ば義務的色彩を帯びることもある。

マクロ的に見て、寄付文化の醸成は重要な課題となっているが、その根底を支えるものは相互扶助の精神を土台とした自覚と自発性に基づく自主的貢献活動であろう。「恒産なくして恒心なし」というが、恒産あっても必ずしも恒心が生まれるとは限らない。社会貢献の原点には、人間としての他者への思いが、不可欠である。

本書では、歴史上社会貢献活動に大きな足跡を残した人々の活動を通して、その源となった思いや志を探ってきた。行基に代表される古代の僧による先駆的な宗教的慈善救済活動、京都の豪商角倉素庵の芸術・文化支援や大坂の「懐徳堂」創立五同志をはじめとする各地に見られた近世商人の社会貢献活動は、後世にも大きな影響を与えたのである。

とりわけ江戸時代最大の商業都市大坂の商人たちは、天下の町人の気概をもって、運河や橋や道路といった都市のインフラ整備に尽力したばかりでなく、学問・芸術の振興に寄与した。信用・信頼を大切にした商人たちは、商売上のつきあいだけでなく、学問や芸術を通じて価値観・倫理や美意識を共有し、地域を越えて信頼のネットワークを築いた。学問や芸術・芸能を自らも嗜みながら、私塾やサロン的な集いを通じて、全国各地の人々と交わり、文化の土壌を豊かにしていったのである。

美術館による芸術振興

第三章では詳しく取り上げなかったが、芸術・文化への貢献は近代企業家の文化・社会活動としても重要な分野であり、アートとくに美術館による芸術振興を例に、ここで少し補っておきたい。

明治維新後の動乱期に、日本の美術品の多くが寺院や収蔵家のもとから散逸したり海外へ流出したりするのを憂えて、それを防ぐために収集に力を注いだ企業家が多くいた。第三章で触れた藤田伝三郎はその代表的人物であったが、そのほかにも多くの企業家が美術品の収集に富と情熱を傾けた。単なる趣味や財産としての保有・誇示といった動機を超える使命感をもって収集し、そのコレクションを美術館としてひろく一般に公開し、あるいは公的な美術館に寄贈した企業家たちである。

大倉財閥を築き上げた越後出身の大倉喜八郎も、藤田伝三郎と同様仏教美術を中心とした日本の古美術の散逸・流出を恐れ、熱心に収集した人物である。一八九九（明治三二）年には現在ホテルオークラが建つ東京都内赤坂の自邸内に、当時珍しい私設の美術館を建て、さらに、一九一七（大正六）年には財団法人を設立し、翌年同地に「大倉集古館」を開館した。同美術館は、今日まで存続するもっとも歴史ある私立美術館として、先駆的役割を果たしてきた。

鉄道会社を再建し「鉄道王」と呼ばれた甲州出身の根津嘉一郎（東武鉄道社長）は、財力を活かして書画骨董を中心とする古美術品を精力的に買い集めた。そのきっかけは渋沢栄一率いるアメリカ使節団の一員として渡米した際に知った、アメリカの企業家の美術館などへのメセナ活動であった。彼の死後、遺志を継いだ二代目嘉一郎が、一九四〇（昭和一五）年に財団法人を設立し、翌年東京都青山の根津家敷地内に根津美術館を開館し今日に至っている。

倉敷紡績の大原孫三郎は、第三章で触れたとおり、倉敷にわが国初の西洋美術館を開設し、美術振興に多大の貢献を果たしている。また、川崎造船所社長を務めた松方幸次郎は、自らの美術館構想は実現しなかったが、一九一〇～二〇年代の欧州滞在の機会に、日本の浮世絵や西洋絵画・彫刻を多数収集し、その膨大なコレクションの一部が国立博物館や国立西洋美術館の所蔵となって残っている。

一九二六（大正一五）年、北九州の石炭商・佐藤慶太郎が、私財一〇〇万円を美術館建設のために当時の東京府に寄付し、上野に東京府美術館（現・東京都美術館）が誕生したことも記念すべき社会貢献であろう。佐藤慶太郎は、終生アメリカの鉄鋼王アンドリュー・カーネギーを尊敬した。事業で築いた資産を芸術・文化や教育への寄付にあてたカーネギーの伝記を読み、「生涯消えぬ感動を与えられた」という(1)。

関西の近代企業家

第三章で述べたように、関西でも住友吉左衛門（春翠）や藤田伝三郎、野村徳七はじめ多くの企業家が、美術・芸術の分野でも社会貢献を行い、戦後にその後継者たちが、成果の一端を特色ある美術館として公開し、今日も活動を続けている。

住友グループの泉屋博古館（京都市・東京都）、藤田伝三郎の子孫による藤田美術館（大阪市）、野村徳七のコレクションをもとにした野村美術館（京都市）はじめ、阪急電鉄の創業者小林一三ゆかりの逸翁美術館（池田市）、朝日新聞社村山龍平の香雪美術館（神戸市）、銀行家山口吉郎兵衛の旧宅を改装した適翠美術館（芦屋市）、実業家加賀正太郎の元別荘に山本為三郎のコレクションなどを展示するアサヒビール大山崎山荘美術館（京都府大山崎）等が、戦前活躍した企業家のコレクションによるものである。

私設の美術館を開設しなくても、収集した美術品を公的な美術館に寄贈するという例もある。朝日新聞社の上野理一は京都国立博物館にコレクションを寄贈し、東洋紡の阿部房次郎や鐘紡の武藤山治は大阪市立美術館に寄贈している。

いち早く戦前に美術館を開設した例として京都市の有鄰館と神戸市の白鶴美術館を取り上げてみよう。

図終-1 有鄰館

出典：筆者撮影。

有鄰館は、一九二六（大正一五）年京都市岡崎の地に開館した。建設当時の建物が今日も存続しており、京都市の登録有形文化財に指定されている。中国風の本館の屋上には、北京紫禁城から移築した八角堂がそびえ、独特の姿を見せている。重厚な雰囲気が漂う館内には、中国と日本の古美術品が所狭しと展示されている。

この有鄰館を設立したのは、近江商人の血を引く京都の企業家藤井善助（四代）である。家業は繊維・織物業であったが、琵琶湖鉄道汽船をはじめとする鉄道関係や保険その他多くの事業に関与し、「統合のプロモーター」としての手腕も発揮した(2)。

一九〇八（明治四一）年衆議院議員に当選し、犬養毅の薫陶を受け、日本文化に影響を与えた中国文化への認識を深めた。上海への留学経験もあった藤井善助は、東洋文化の名品が欧米に流出することに危機感を持ち、中国の美術品を自ら収集し、日中親善を目的として、中国文化の結晶を公開展示する有鄰館を開館した(3)。

有鄰館の館名は、論語の「徳は孤ならず、必ず鄰有り」から名付けた。運営は、財団法人藤井斉生会により、設立時の建物が現存するわが国最古の私立美術館として、京都市岡崎の文化ゾーンの一角に今日も維持・継続されている。

図終－2　白鶴美術館本館
出典：白鶴美術館パンフレットより。

神戸市東灘区住吉の地に立つ白鶴美術館は、一九三四（昭和九）年に開館した。本館・庭園は当時の姿を残し、訪れた者に歴史を感じさせる。展示は旧式のままであるが、六甲山麓の景観に溶け合い心地よい美術館となっている。

設立者の嘉納治兵衛は、奈良の春日神社や興福寺ゆかりの中村家出身で、幼少時より古美術に囲まれ、また漢学を学び中国美術にも関心をもっていた。白鶴酒造の嘉納家に入り、七代嘉納治兵衛として家業の改革・発展に尽くすとともに、和漢の古美術の収集にも力を注いだ。

関西の主だった数寄者の集まり「十八会」に参加し、住友吉左衛門や藤田伝三郎らと交流を深めたことも、美術館開設の刺激になったであろう。彼は「蒐集する処の美術ならびに工芸品等のごときも独り自家の愛玩として、死蔵するを好まず」の精神のもと、一九三一（昭和六）年自らの古稀を記念して財団法人を設立し、存命中に収集品公開のために美術館を開館した。

大阪芸術大学名誉教授の田中敏雄は、「美術館を築いた関西の数寄者たちは、茶の湯で人と人と交流を持ち、お互いに影響されながらも茶道具の範疇を越えて、その他の好みの古美術も収集したので、京阪神に築かれた私設美術館には、各々の個性がうかがえるのである」と述べている(4)。

現代企業への継承

近代企業家の美術館を通じた芸術・文化への先駆的貢献活動は、後世の多くの企業家や企業の芸術支援活動の範となった。戦後、文化行政の一環として公立の博物館や美術館が数多く設置されたが、一方で私立の特色ある美術館も各地に誕生し多様な文化の花を咲かせている。

私立美術館は企業家以外の個人有志によるものもあるが、大半は企業家あるいは企業が設立したものである。したがって、企業の多い首都圏や関西圏・中京圏に多く立地するが、表終-1に

表終－1　企業（家）が設立した主な美術館

美術館名	設立者，コレクター等	開設年	所在地	備　考
優佳良織工芸館	木内綾	1962	北海道旭川市	
中札内美術村／六花の森	六花亭	2007	北海道中札内村	
荒井記念美術館	荒井利三（東文堂）	1989	北海道岩内町	
掬粋巧芸館	井上庄七（井上酒造）	1932	山形県川西町	
本間美術館	本間家	1947	山形県酒田市	
諸橋近代美術館	諸橋廷蔵（ゼビオ）	1999	福島県北塩原村	
CCGA 現代グラフィックアートセンター	大日本印刷	1995	福島県須賀川市	
笠間日動美術館	長谷川仁・林子夫妻（日動画廊）	1972	茨城県笠間市	
大川美術館	大川栄二（マルエツ）	1989	群馬県桐生市	
天一美術館	矢吹勇雄（天一）	1997	群馬県みなかみ町	
遠山記念館	遠山元一（日興証券）	1970	埼玉県川島町	
ヤオコー川越美術館	川野幸夫（ヤオコー）	2012	埼玉県川越市	ヤオコー創業120周年
DIC 川村記念美術館	DIC	1990	千葉県佐倉市	
茂木本家美術館	茂木七左衛門	2006	千葉県野田市	
ホキ美術館	保木将夫（ホギメディカル）	2010	千葉市	
原美術館	原俊夫(アルカンシェール美術財団)	1979	東京都品川区	群馬県渋川市にハラミュージアムアーク（1988）
東郷青児記念美術館	損保ジャパン日本興亜	1976	東京都新宿区	
五島美術館	五島慶太（東京急行電鉄）	1960	東京都世田谷区	
静嘉堂文庫美術館	岩崎彌之助・小彌太(三菱グループ)	1992	東京都世田谷区	
ブリヂストン美術館	石橋正二郎（ブリヂストン）	1952	東京都中央区	
三井記念美術館	三井グループ	2005	東京都中央区	
出光美術館	出光佐三（出光石油）	1966	東京都千代田区	福岡県門司市にも開館（2000）
山種美術館	山崎種二（山種グループ）	1966	東京都渋谷区	
大倉集古館	大倉喜八郎	1917	東京都港区	
サントリー美術館	サントリー	1961	東京都港区	サントリー創業60周年
根津美術館	根津嘉一郎（東武鉄道）	1941	東京都港区	
畠山記念館	畠山一清（荏原製作所）	1964	東京都港区	
松岡美術館	松岡清次郎（松岡グループ）	1975	東京都港区	

森美術館	森稔（森ビル）	2003	東京都港区	
汐留ミュージアム	パナソニック電工	2003	東京都港区	
太田記念美術館	太田清蔵（東邦生命）	1980	東京都渋谷区	
三菱一号館美術館	三菱グループ	2010	東京都千代田区	
西山美術館	西山申之（ナック）	2006	東京都町田市	東証一部上場記念
三渓園	原富太郎	1906	横浜市	
彫刻の森美術館	フジサンケイグループ	1969	神奈川県箱根町	長野県上田市に美ヶ原高原美術館（1981）
ポーラ美術館	鈴木常司(ポーラ・オルビスグループ)	2002	神奈川県箱根町	
敦井美術館	敦井栄吉	1983	新潟市	
駒形十吉記念美術館	駒形十吉（大光銀行，NST）	1994	新潟県長岡市	
谷村美術館	谷村繁雄（谷村建設）	1983	新潟県糸魚川市	
北野美術館	北野吉登・次登（北野建設）	1968	長野市	
水野美術館	水野正幸（ホクト）	2002	長野市	
北澤美術館	北澤利男（キッツ）	1983	長野県諏訪市	
サンリツ服部美術館	服部一郎（セイコーエプソン）	1995	長野県諏訪市	
セゾン現代美術館	堤康次郎（西武）	1962	長野県軽井沢町	東京都高輪より移転（1981）
池田満寿夫美術館	竹風堂	1997	長野県松代町	
池田20世紀美術館	池田英一（ニチレキ）	1975	静岡県伊東市	
資生堂アートハウス	資生堂	1978	静岡県掛川市	
上原近代美術館	上原昭二（大正製薬）	2000	静岡県下田市	
メナード美術館	野々川大介夫妻(日本メナード化粧品)	1987	愛知県小牧市	
古川美術館	古川為三郎	1991	名古屋市	
ヤマザキマザック美術館	山崎照幸（ヤマザキマザック）	2010	名古屋市	
堀美術館	堀誠（ダイテックグループ）	2006	名古屋市	
石水博物館	川喜多半泥子（百五銀行）	1975	三重県津市	
佐川美術館	佐川急便	1998	滋賀県守山市	佐川急便創業40周年
藤井斉成会有鄰館	藤井善助	1926	京都市	
北村美術館	北村謹次郎	1977	京都市	
泉屋博古館	住友吉左衛門（住友グループ）	1960	京都市	東京都に分館（2002）
野村美術館	野村徳七（野村證券・りそな銀行）	1984	京都市	
細見美術館	細見家三代（織物業）	1998	京都市	

京セラ美術館	京セラ	1998	京都市	
大山崎山荘美術館	アサヒビール	1996	京都府大山崎町	
藤田美術館	藤田伝三郎	1954	大阪市	
湯木美術館	湯木貞一（吉兆）	1987	大阪市	
高島屋史料館	高島屋	1970	大阪市	高島屋創立50周年
逸翁美術館	小林一三（阪急電鉄）	1957	大阪府池田市	
白鶴美術館	嘉納治兵衛（白鶴酒造）	1934	神戸市	
香雪美術館	村山龍平（朝日新聞社）	1973	神戸市	
BB プラザ美術館	シマブンコーポレーション	2009	神戸市	創業100周年
適翠美術館	山口吉郎兵衛	1964	兵庫県芦屋市	
大和文華館	近畿日本鉄道	1960	奈良市	近鉄創立50周年，他に松柏美術館（1994）
中野美術館	中野皖司	1984	奈良市	
田部美術館	田部長右衛門	1979	松江市	
足立美術館	足立全康	1970	島根県安来市	
林原美術館	林原一郎	1964	岡山市	
夢二郷土美術館	両備グループ	1984	岡山市	瀬戸内市に分館
大原美術館	大原孫三郎（倉敷紡績）	1930	岡山県倉敷市	
ひろしま美術館	広島銀行	1978	広島市	創業100周年
ウッドワン美術館	中本利夫（ウッドワン）	1996	広島県廿日市市	
大塚国際美術館	大塚製薬	1998	徳島県鳴門市	
ベネッセアートサイト直島	ベネッセ	1992	香川県直島町	
石橋美術館	石橋正二郎（ブリヂストン）	1956	福岡県久留米市	創立25周年
二階堂美術館	二階堂酒造	1994	大分県日出町	
岩崎美術館	岩崎與八郎（岩崎産業グループ）	1983	鹿児島県指宿市	
長島美術館	長島公佑	1989	鹿児島市	

出典：「全国美術館ガイド」美術出版社，2005年，「美術年鑑」美術年鑑社，2015年，「日本の美術館ベスト100ガイド」マガジンハウス，2011年，赤瀬川原平「個人美術館の愉しみ」光文社，2011年，藤森照信「藤森照信の特選美術館三昧」TOTO 出版，2004年，「東京人」2010年４月号，都市出版を参考に作成。

みるとおり北海道から九州まで各地に存在している。

設立者の事業の盛衰を反映して短命に終わるものもあるが、多くは財団法人等の独立した公益法人として長く社会に貢献を続けている。私立美術館は規模の大小にかかわらず、それぞれの思いをもって美術品を収集し、特色ある美術館を設計・運営して、訪れる人に楽しみや安らぎを提供している。

たとえば、広島銀行が創業一〇〇周年記念事業として設立したひろしま美術館は、原爆被災地広島の復興を願って「愛とやすらぎのために」をテーマに、一〇年以上の構想と準備を経て、開館した。広島市内の中心地にありながら、静かで落ち着いた雰囲気の美術館である。

図終－3　ひろしま美術館

出典：長谷川智恵子『瓦礫の果てに紅い花』WAVE出版，2009年より。

この美術館は、同行頭取を長く務めた井藤勲雄が、立案し企画し実現した。井藤は学生時代から美術を愛好していた。六高時代の同級生には、倉敷の大原孫三郎の息子大原総一郎がいた。大学生活は京都で過ごし、審美眼を磨いた。後年、広島銀行の倉敷支店勤務時代には、大原美術館に立ち寄る機会もあった。

彼は、自らの体験から絵が心に喜びと安らぎを与えてくれることを確信していた。終戦直後の夏のある日、原爆ドームそばの荒れ果てた川沿いの地に、夾竹桃の赤い花が咲いているのを見つけ、その生命力に感動した彼は、「夏雲や瓦礫の果てに赤い花」と詠んだ。その赤い花のように広島の人々の心を潤したいという願いをこめて、ひろしま美術館が誕生した。井藤は、被爆地広島の中心地に、ドーム型の屋根をもち、水の潤いのある美術館をつくりあげた(5)。

図終－4　和泉市久保惣記念美術館
出典：和泉市久保惣記念美術館パンフレットより。

久保惣記念美術館

自ら美術館を建てなくても、一九七二（昭和四七）年開館の西宮市大谷記念美術館（もと昭和電極社長の大谷竹次郎の寄贈による）や、一九八二（昭和五七）年開館した大阪府和泉市の久保惣記念美術館のように、企業家や企業が美術品のコレクションと、土地・建物を地方自治体に寄贈し、公立の美術館として開館するというケースもある。

大阪府和泉市で約一〇〇年間綿業を営んできた久保惣は、初代久保惣太郎以来四代にわたり引き継がれた泉州有数の企業であった。代々地域社会への貢献に熱心で、福祉・教育・文化に尽力してきた。しかし戦後の繊維業の衰退を受けて、一九七七年に廃業を決断し、それを機に三代惣太郎と久保恒彦の兄弟が一族を代表して、地域文化の発展と地元への謝恩の意を込めて美術館を和泉市へ寄贈したものである。

さらに、久保惣記念文化財団を設立し、一九八四年から二〇〇六年までの二二年間にわたって同美術館の活動を支援した。一九九七（平成九）年には、久保恒彦と一族によって、美術館新館が寄贈され、その後も音楽ホール、ギャラリー、創作教室、研究棟等の追加寄贈があり、今日では地域の重要な文化拠点となっている。久保恒彦は、廃業に際しての整理とはいえ、一族・企業の財産を美術館として市に寄贈するという形にまとめることは容易ではなかったと述懐している。欧米の文化施設でよく見かけた〝Bequest〟（日本の「遺贈」に近い）に当たるのではないかと述べ、「長年育てた娘を嫁にやる親の気持ちで、寄贈後も美術館を支援する」のだという。(6) 企業家の地域社会への文化貢献としても貴重な事例である。

宗次ホールの誕生

以上、美術分野を中心に述べてきたが、序章でも触れたとおり、他の芸術・文化分野での企業家・企業の貢献も各地に広がっている。

筆者が体験した中から一例をあげれば、二〇〇七年名古屋市にオープンしたクラシック音楽専用の「宗次ホール」は、企業家の志のこもった文化貢献の好例である。三一〇席の中規模のホールであるが、音響も雰囲気もいい快適なホールである。

同ホールは、カレーチェーンの「CoCo 壱番屋」創業者の宗次徳二が、私財二〇数億円を投じて完成させたものである。不遇の青少年時代に、ラジオから流れるクラシック音楽に孤独を癒された宗次は、「いい音楽は人をやさしくする」が信条で、若い音楽家への支援と聴衆へのサービスのためにホール建設を思い立ったという。筆者が訪れた際にも、開演前と終演後にホールの前で来客者に挨拶する宗次徳二の姿があった。さらに休憩時間には、ホワイエで宗次自身がテキパキとコーヒーをサービスしていた。驚いて声をかけた筆者に、「いや、もともと本職ですから」と自然に応える振る舞いに、ホールにこめた深い思いが伝わってきた。

彼は、二〇〇二年に同社会長を引退後は、NPO法人「イエロー・エンジェル」を設立して、さまざまな分野で夢にチャレンジする人たちへの支援活動を始めている。彼のそうした社会貢献の志が、宗次ホールとして花開いたと言えよう(7)。

表終－2　主な芸術・文化助成財団

名　称	設立年	助成分野	対象事業	備　考（出捐企業など）
サントリー芸術財団	1970	音楽	公演，出版	
日本交響楽振興財団	1973	音楽（オーケストラ）	公演	
ソニー音楽財団	1977	音楽（クラシック）	公演，顕彰	
鹿島美術財団	1982	美術	調査研究，出版，国際交流，顕彰	
冲永文化振興財団	1985	地域文化（伝統芸能）	公演，調査研究，出版	
セゾン文化財団	1987	現代演劇，現代舞踏	留学・研修，創造環境整備，国際交流	
三菱 UFJ 信託芸術文化財団	1987	音楽，オペラ	公演	
アフィニス文化財団	1988	音楽（オーケストラ）	公演，留学研修，調査研究	日本たばこ産業
三井住友海上文化財団	1988	音楽，伝統芸能	公演，国際交流	
アサヒグループ芸術文化財団	1989	美術，音楽，オペラ	公演，国際交流	
三菱 UFJ 信託地域文化財団	1989	地域文化	公演，展示	
五島記念文化財団	1990	美術，オペラ	公演，留学研修，顕彰	東急グループ
野村財団	1990	美術，音楽，舞踏等	若手芸術家育成，国際交流，社会科学研究	野村グループ
花王芸術・科学財団	1990	美術，音楽，科学技術	展示，公演，芸術・科学技術の研究	
ローム ミュージック ファンデーション	1991	音楽，オペラ	音楽活動全般	
明治安田クオリティオブライフ文化財団	1991	音楽，伝統芸能	人材育成	
全国税理士共栄会文化財団	1991	地域文化	人材育成	
よんでん文化振興財団	1991	四国地方の地域文化	公演，展示，人材育成	四国電力
朝日新聞文化財団	1992	美術，音楽	展示，公演	
ユニオン造形文化財団	1994	空間造形デザイン	調査研究，国際交流，留学研修，顕彰	
ローランド芸術文化振興財団	1994	音楽	電子技術を応用した芸術文化活動	
エネルギア文化・スポーツ財団	1994	中国地方の地域文化	公演，展示，保存・伝承，顕彰，スポーツ振興	中国電力
新日鉄住金文化財団	1994	音楽（洋楽，邦楽）	公演	

出典：「芸術文化助成団体協議会」2013年。

はじめに志ありき

東京のサントリーホール生みの親である佐治敬三にとっても、ビジネスと文化活動は彼の生涯を支えた「両足」であった。佐治は、ビジネスの傍ら絵を描き、俳句を詠み、歌を歌った。自ら設けたサントリー美術館にも、サントリーホールにも、文化財団のシンポジウムにも足を運んで、心から芸術・文化を楽しんだ。芸術・文化を愛し、その感動を人々と分け合うことを無上の喜びとした。

図終－5　宗次ホール

出典：宗次徳二『日本一の変人経営者』2009年，ダイヤモンド社。

「はじめに志ありき」という佐治敬三の文化・社会活動の原点は、まさにここにある。彼にとって、ビジネスも文化・社会活動も人間の営みとして分かちがたいものであった。「企業というても、人間の集まりやで」というのが口癖であった。開高健の広告コピー「人間らしくやりたいナ」のように、人間の心をもった企業として、文化・社会貢献にも全力を尽くしたのである。このことは、佐治敬三に限らず、すでに見てきた多くの文化・社会貢献に力を尽くした人たちにも共通する思い・志と言えるだろう。

芸術・文化の感動をシェアすることは、人々の心をケアし、人生を豊かにすることにもつながる。東日本大震災の折にも、被災地の復旧支援活動や経済的支援とともに、芸術・文化を通じた心の支援活動が大きな役割を果たした。

そして芸術・文化分野では、規模の大小にかかわらず思いのこもった民間の社会貢献活動が貴重な存在意義をもっていることを見てきた。今日では、NPO法人や社会的企業やさまざまなボランタリーな市民団体が、芸術・文化振興のための社会貢献活動を展開している。行政も地域づくりのファクターとして、文化政策を重視するようになってきている。

しかしながら、今後とも社会の中で企業の果たす役割は大きく、もてる資源を世のため人のために活かす「人間らしい」文化・社会貢献は、幸せで豊かな社会を築くために、社会にとっても、企業にとっても欠くことのできないものであろう。

始めにWill（志）、そしてWisdom（知識・知恵）、Wealth（富）、Working（行動）、Heart（真情）の「4W1H」を世のため人のために発揮することが、これからの企業に求められている。

注

（1）　斉藤泰嘉「美術の火ともした石炭商」『日本経済新聞』二〇〇八年七月三〇日付、斉藤泰嘉『佐藤慶太郎伝』石風社、二〇〇八年。

（2）小川功「近江商人系金融機関の地元還元投融資」『滋賀大学経済学部附属史料館研究紀要』二八号、一九九五年。
（3）藤井善三郎『祖先文化へのまなざし』藤井斉世会有鄰館、二〇一四年。
（4）田中敏雄「関西数寄者のネットワーク」『目の眼』二〇一四年一〇月号。
（5）長谷川智恵子『瓦礫の果てに紅い花』WAVE出版、二〇〇九年参照。
（6）久保物株式会社『「新」美術館のできるまで』一九九七年。
（7）宗次徳二『日本一の変人経営者』ダイヤモンド社、二〇〇九年。

参考文献

赤瀬川原平『個人美術館の愉しみ』光文社、二〇一一年。
足立全康『庭園日本一　足立美術館をつくった男』日本経済出版社、二〇〇七年。
逸翁美術館編『茶の湯文化と小林一三』思文閣出版、二〇〇九年。
熊倉功夫『近代数奇者の茶の湯』河原書店、一九九七年。
齋藤康彦『近代数奇者のネットワーク』思文閣出版、二〇一二年。
志村和次郎『富豪への道と美術コレクション』ゆまに書房、二〇一一年。
新人物往来社編『日本全国おすすめユニーク美術館・文学館』二〇〇三年。
全国美術館会議編『全国美術館ガイド』美術出版社、二〇〇六年。
田中敏雄「鶴翁と美術収集」民族藝術学会編『民族藝術』二九号、二〇一三年。
中野明『幻の五大美術館と明治の実業家たち』祥伝社、二〇一五年。

野村美術館学芸部編『野村得庵の文化遺産』思文閣出版、二〇一三年。
「美術館をつくった富豪たち」『東京人』二〇一〇年春号、都市出版。
美術年鑑社『美術年鑑　平成27年度版』、二〇一五年。
藤森照信『藤森照信の特選美術館三昧』ＴＯＴＯ出版、二〇〇四年。
山本正『ジョージ・ソロス　投資と慈善の哲学』ＮＨＫ出版、二〇〇八年。

あとがき

本テーマ研究の出発点となったのは、筆者自身の職務経験である。筆者は大学卒業後、サントリー株式会社に就職した。入社後の仕事内容は、経営企画・総務等の本社スタッフ業務と文化財団等の文化活動がほぼ半々であった。文化活動は、当時の佐治敬三社長が力を注いでいる分野であり、通常のビジネス活動では得られない貴重な経験を積ませてもらった。佐治社長が生涯貫いた「夢大きく、愛深く、志高く」という商人魂を指針として、私なりに「夢は自分のために、愛は親しい人のために、志は世のために」というモットーを大切にしてきた。

サントリー文化財団には、一九八四年から八九年まで事務局長として、二〇〇四年から二〇〇七年までは専務理事・顧問として、都合九年間にわたって勤務した。その間、佐治敬三理事長始め、サントリーの平木英一常務、文化財団専務理事の佐野善之、渡辺八郎、黒澤清治らの諸先輩および事務局スタッフのよきメンバーに恵まれ、企業財団の役割・職務について実地に学べたことは幸いであった。

研究助成や海外出版助成などの助成事業、サントリー学芸賞や地域文化賞などの顕彰事業において、役員・選考委員をお願いした各界専門の先生方から直接・間接に指導を受けることを通じて、財団の社会的使命を認識するようになった。とりわけ、山崎正和、高坂正堯、森口親司、蝋山昌一、梅棹忠夫、粕谷一希の諸先生方には、門前の小僧同然の筆者に対し、各種選考委員会や研究会、雑誌『アステイオン』の編集等を通じて、世の中の動きを「鋭く感じ、柔らかく考える」ことの大切さを手取り足取り教えていただいたことは忘れがたい。

事務局長を務めていた八〇年代後半は、わが国において「フィランソロピー」や「メセナ」といった企業の社会貢献活動が、社会的に脚光を浴び始めた時期であり、問題意識を共有する他の財団等とも連携して、企業の社会貢献に関する研究会やプロジェクトに積極的に参画し、情報交換をおこなった。主なものを挙げれば次のとおりである。

①関西財団の集い　一九八六年に、日本生命財団とサントリー文化財団が呼びかけ、武田科学振興財団、山田科学振興財団（ロート製薬）、住友生命健康財団・住友生命社会福祉事業団、大阪ガスグループ福祉財団、松下国際財団など関西の有志一〇財団ほどで発足した相互啓発・交流団体で、今日では五〇以上の公益法人がメンバーとなって活動を続けている。発足時、お世話になった日本生命財団今田忠事務局長には、この分野の先達として、その後も折に触れてご教示をいただいている。

②公益法人協会　本文でも触れたとおり、渡辺昌夫初代理事長が設立した団体で、太田達男現理事長にいたるまで長くお世話になり、東京の各財団との交流が広がるきっかけも作っていただ

いた。渡辺昌夫会長（当時）のあたたかい勧めと助言により、「公益法人」誌に連載した「江戸期大坂町人と懐徳堂をめぐって」と題する論文が、本書のテーマで執筆する端緒となったものである。連載中、渡辺会長よりいただいた叱咤激励は、今も胸に残っている。同協会が企画した公益法人制度に関する様々な先導的な研究会にも参加させていただき、また二〇〇八（平成二〇）～二〇一三（平成二五）年の新公益法人制度への移行時には、相談員として移行法人の相談業務に携わり、専門の諸先生やスタッフの方々と熱心に議論を重ねたことが、貴重な刺激ともなり糧ともなっている。

③助成財団センター　公益法人協会での交流がきっかけで、トヨタ財団が中心となって発足した助成財団資料センター（現助成財団センター）でも、海外のフィランソロピーや財団事情等について学ばせていただいた。「フィランソロピー研究会」での私の報告「近世大坂の知のパトロン」は、前述の林雄二郎・山岡義典編『フィランソロピーと社会』に収められている。トヨタ財団（当時）の山岡義典、久須美雅昭両氏には特にお世話になり、その後同センターが編集・出版した『民間助成イノベーション』の中に、本書の第4章第1節のもととなった論文「企業の社会貢献活動の系譜」を掲載していただいた。

④公益法人をめぐる税制の研究会　一九八〇年代当時、民間公益活動の発展にとって寄付税制の問題が大きな課題となっていた。サントリー文化財団でもこの問題を取り上げ、橋本徹、本間

正明先生を中心に、税制・財政・公益法人制度といった観点から、われわれ実務家も交えて研究を重ねた。その成果は、橋本徹・古田精司・本間正明編『公益法人の活動と税制』（清文社、一九八六年）にまとめたが、その議論のなかで、公益法人の問題を歴史的・国際的・政策的観点から多角的に検討することができた。そして、税制だけの問題ではなく、その後の公益法人制度全体の改革へと、視野を広げ、問題意識を深めることにつながったと考えている。

以上のように本書の根幹は、筆者のサントリー文化財団勤務時代にお世話になった多くの方々のご教示・助言によりできあがったものであり、厚くお礼を申し上げたい。

本書は、筆者にとって初めての著書であるが、日本における企業家の文化・社会貢献活動について、これまで発表した論稿を中心に、改めて一冊にまとめたものである。序章と終章は新たに書き下ろしたが、その他の章については、すでに発表したものをもとに、大幅に加筆・修正を加えて編集した。各章のもとになった初出は下記のとおりである。

第1章「日本における民間公益活動」（橋本徹・古田精司・本間正明編『公益法人の活動と税制』所収、清文社、一九八六年）をもとにした。

第2章「江戸期大坂町人と懐徳堂をめぐって」（公益法人協会『公益法人』一九八七年一、三、四、六、八月号に連載）をベースに、「近世大坂の知のパトロン」（林雄二郎・山岡義典編『フィランソロビーと社会』所収、ダイヤモンド社、一九九三年）の内容を加えた。

第3章「近代企業家の文化・社会活動」（『大阪商業大学商業史博物館紀要』第一六号所収、二〇一五年）をもとにした。

第4章第1節「企業の社会貢献活動の系譜」（助成財団センター編『民間助成イノベーション』所収、二〇〇七年）をもとにした。

第4章第2節「企業の社会貢献に関する一考察」（『大阪商業大学論集』一五一・一五二号所収、二〇〇九年）をもとにした。

第4章第3節「企業博物館の役割」（『大阪商業大学商業史博物館紀要』第一三号所収、二〇一二年）をもとにした。


企業家の公益活動・社会貢献について、経営・経済・歴史・思想等の幅広い視野にまで関心を広げることについても、多くの方々にお世話になっている。文化経済学会の池上惇、山田浩之、企業家研究フォーラムの宮本又郎、国際日本文化研究センターの猪木武徳、大阪商業大学の研究会に参加いただいた山中浩之、田中敏雄、大阪商業大学同僚の飯田耕二郎、塩田眞典、粕永佳甫、長妻三佐雄、明尾圭造を始めとする諸先生には、公私にわたってご指導・ご支援を賜り心から感謝している。

本書は、平成二七年度大阪商業大学出版助成を受けて刊行された。いつも何事にもチャレンジを勧める谷岡一郎学長はじめ関係の方々に謝意を表したい。片山隆男副学長に著書執筆について、強く背中を押されなかったら、本書は幻で終わったかもしれない。

ミネルヴァ書房からの出版に当たっては、年来の友であるサントリー文化財団の今井渉専務理事に尽力いただいた。同社編集部の堀川健太郎氏には、初めての著書ということで不慣れな筆者に、全体構成・タイトル・図版はじめ、すべてにわたって読みやすい本にするために情熱とエネルギーを注いでいただいた。

資料の入手・整理に当たっては、大阪商業大学図書館の縣千晶、同商業史博物館の岡村良子両氏にたびたび助けていただいた。

まだまだ名前を挙げていない多くの方々のおかげもあって、なんとか一冊の著書が誕生した。世の片隅に咲くまことに「小さな花」ではあるが、「根と幹と枝葉があって花は咲く」の心境である。お世話になったすべての方々に心からお礼を申し上げる。

二〇一六年三月　花開く春に

伊木　稔

人名索引

あ行

か行

さ行

た　行

な　行

は　行

事項索引

あ 行

か 行

さ 行

た　行

な　行

は　行

ま　行

や　行

ら　行

《著者紹介》

伊木　稔（いき・みのる）

1945年　大阪府生まれ。
1968年　京都大学経済学部卒業。
サントリー株式会社経営企画部長，財団法人サントリー文化財団専務理事を経て，
現　在　大阪商業大学総合経営学部教授・商業史博物館館長。
主　著　『時代の気分・世代の気分』（共著）NHK 出版，1997年。
『都市のたくらみ・都市の愉しみ』（共著）NHK 出版，1996年。
『フィランソロピーと社会』（共著）ダイヤモンド社，1993年，ほか多数。

MINERVA 歴史・文化ライブラリー㉙

文化を支えた企業家たち

──「志」の源流と系譜──

2016年3月28日　初版第1刷発行　〈検印省略〉

定価はカバーに表示しています

著　者　伊木　稔
発行者　杉田啓三
印刷者　坂本喜杏

発行所　株式会社　ミネルヴァ書房
607-8494 京都市山科区日ノ岡堤谷町1
電話代表　(075)581-5191
振替口座　01020-0-8076

冨山房インターナショナル・新生製本

ISBN 978-4-623-07686-4

Printed in Japan

ミネルヴァ日本評伝選

佐治敬三　小玉武 著　四六判四六〇頁 本体二八〇〇円

本田宗一郎　伊丹敬之 著　四六判三四〇頁 本体二二〇〇円

松永安左ェ門　橘川武郎 著　四六判三三二頁 本体二五〇〇円

出光佐三　橘川武郎 著　四六判二六〇頁 本体二四〇〇円

講座・日本経営史

①経営史・江戸の経験 1600-1882　宮本又郎・粕谷誠 編著　A5判三四六頁 本体三八〇〇円

②産業革命と企業経営 1882-1914　阿部武司・中村尚史 編著　A5判三九四頁 本体三八〇〇円

③組織と戦略の時代 1914-1937　佐々木聡・中村真幸 編著　A5判三四四頁 本体三八〇〇円

④制度転換期の企業と市場 1937-1955　柴孝夫・岡崎哲二 編著　A5判二七六頁 本体三八〇〇円

⑤「経済大国」への軌跡 1955-1985　下谷政弘・鈴木恒夫 編著　A5判三八六頁 本体三八〇〇円

⑥グローバル化と日本型企業システムの変容　橘川武郎・久保文克 編著　A5判三三〇頁 本体三八〇〇円

ミネルヴァ書房

http://www.minervashobo.co.jp/